MATERNIDADE

e suas vicissitudes na psicose

Maternidade e suas vicissitudes na psicose

1ª edição

COORDENAÇÃO EDITORIAL
Karol Oliveira

DIREÇÃO DE ARTE
Tiago Rabello

REVISÃO
Cristhiane Maurício

CAPA
Karol Oliveira

PROJETO GRÁFICO
Conrado Esteves

DIAGRAMAÇÃO
Virgínia Loureiro

B862 Brito, Maria Mercedes Merry, 1951-.
Maternidade e a vicissitudes na psicose / Maria Mercedes Merry Brito . – Belo Horizonte : Ed. Artesã, 2017.
146 p. ; 23 cm.

ISBN: 978-85-88009-74-5

1. Psicologia. 2. Psicanálise. 3. Ciências sociais. 4. Saúde pública. I. Título.

CDU 159.964

Catalogação: Aline M. Sima CRB-6/2645

IMPRESSO NO BRASIL
Printed in Brazil

ARTESÃ EDITORA LTDA.
Site: www.artesaeditora.com.br
E-mail: contato@artesaeditora.com.br
Belo Horizonte/MG

MATERNIDADE
e suas vicissitudes na psicose

Maria Mercedes Merry Brito

Artesã

Meus agradecimentos às mulheres que tornaram este escrito possível. E aos colegas de trabalho que, mesmo em condições, muitas vezes, adversas sustentam a possibilidade do exercício de uma clínica feita por muitos.

Sumário

Apresentação 9

Prefácio 13

Introdução – do desejo que nos move 17

CAPÍTULO 1
O lugar da mulher e da mãe ao longo das épocas 27

CAPÍTULO 2
A criança e a mãe em Freud 45

CAPÍTULO 3
Em Lacan, a mulher não é a mãe 59

CAPÍTULO 4
Sobre a psicose 83

CAPÍTULO 5
Psicose e maternidade 93

Considerações finais 137

Referências 141

Apresentação

Este livro mostra a experiência de Mercedes e a força de sua prática clínica em Saúde Mental com as mulheres que se "distanciaram de seus filhos e encontraram a possibilidade de se reposicionarem ou não na relação com eles".

A maternidade e o amor na psicose atravessam assim o percurso profissional e de pesquisa da autora e constituem o ponto de onde ela interpela dois campos – saúde mental e psicanálise – e consegue mostrar como um campo de saber incide sobre outro.

O livro evidencia a necessidade e a dificuldade do trabalho voltado para a singularidade dos sujeitos e sua inscrição no laço social. E, ao mesmo tempo, esclarece como a singularidade pode e deve produzir modificações na estrutura da rede de atendimento de pessoas psiquicamente vulneráveis. Essa consideração é importante porque mesmo apesar dos esforços da política pública, o funcionamento da rede tende a cristalizar padrões de atenção psicossocial.

A singularidade é, portanto, o eixo político da psicanálise. O livro nos conta como a clínica orientada por esse eixo revela a importância da escuta e da adoção dos sintomas e das formas de vida construídas por aquelas mães como soluções encontradas para lidar com as angústias e com a "miséria do mundo". Por mais precárias que possam ser, são soluções particulares que orientam o caminhar dos sujeitos e, por isso, Mercedes qualificou-as de vicissitudes da maternidade de mães psicóticas. O giro discursivo pretendido é exatamente o de questionar a mestria dos significantes impostos pela cultura, e mesmo pelos protocolos de atendimento, de modo a deixar que o sintoma do paciente oriente a direção da cura.

Trata-se, então, de uma inversão de prioridades, qual seja, colocar o sintoma como solução que balizará o caminho de construção de novos arranjos.

Mostrando uma dedicação imensa ao seu objeto de estudo, Mercedes relata o que ouviu dessas mulheres sofridas, com trajetórias dolorosas e manejo clínico difícil. Os casos escolhidos para este livro refletem a tentativa de dialogar com o gozo mortífero que se pronunciava nos furos do funcionamento da própria rede e das narrativas das pacientes. Esse diálogo arduamente efetuado com o real visava a uma possível nomeação do que funcionava como enigma para esses sujeitos.

A partir daí podemos ler sobre o "amor louco" dessas mães, sua religiosidade, seu nomadismo, seu infanticídio altruísta, etc. como tentativas da autora em circunscrever essa forma de gozo que acaba por interrogar e exigir modificações no modo de acolhida e na condução do tratamento dessas mães. O que podemos ver retratado neste livro é o enorme trabalho envolvido na realização dos atendimentos e a transmissão aí veiculada. São casos que impuseram à rede e a seus dedicados profissionais um esforço em incluir nos dispositivos de atendimento as soluções singulares encontradas por essas mulheres. O real desses casos mostrou ser impossível qualquer tentativa de adaptar essas mulheres a um funcionamento que foraclui a verdade da qual são portadoras.

O livro inclui ainda uma breve descrição do método utilizado na pesquisa e sua intrínseca qualidade de inacabamento. Por mais que pareça paradoxal, é exatamente tal precariedade em relação a um ideal de acabamento conceitual e metodológico que permite que algo reste por fazer, ou que algo possa se escrever na história de cada uma das mães por um *truc* contingente. A verdade do sujeito não está ali, acabada, pronta para ser desvelada ou medicalizada, mas é o que vai se escrevendo nas brechas da experiência com os significantes das narrativas. A verdade tem, então, estrutura de ficção e depende desse trabalho de escuta da singularidade sintomática.

É claro que qualquer política de atendimento público é necessariamente construída para facilitar o atendimento de muitos, mas a padronização e a conduta pautada por um saber prévio ao sujeito acabam se transformando em um referencial classificatório com pretensões universais. A rigidez de funcionamento de uma rede de atenção à saúde mental pode tamponar a angústia dos profissionais, impedir sua decisão clínica e transformar o paciente em um simples objeto de um saber que lhe exterior, sem sua marca de verdade. O que implica, no caso das dificuldades que a maternidade impôs às mulheres aqui estudadas, a desconsideração da história particular de cada uma.

Por isso, dissemos, a política da psicanálise visa a retirar o sujeito do lugar de objeto de um saber que define *a priori* como deve ser a conduta clínica a ser adotada para ele. Como afirma Agamben (2007), trata-se de implicar o sujeito com sua vida nua, dando-lhe a palavra sobre seu destino e supondo nele a possibilidade de construir o saber que lhe convém, com suas limitações e possibilidades.

O livro, resultante do trabalho clínico e de pesquisa da Mercedes, mostra não apenas a força da posição ética e epistemológica do referencial teórico da psicanálise quando em interface com outro campo de saber, mas também a dedicação e o empenho desses profissionais que se encontram entre os limites de uma estrutura de atendimento e o sofrimento de pacientes, sejam as mulheres e/ou seus filhos, para os quais a maternidade pode ter sido devastadora.

Jeferson Machado Pinto

Prefácio

Quando lemos o livro de Mercedes, fruto de extensa e intensa experiência na Saúde Mental a partir da psicanálise, qualquer crítica ao campo psicanalítico torna-se obsoleta. Engajada com seu tempo, a autora guia-nos da desconstrução do ideal do amor materno ao que retorna no real da maternidade nas psicoses, com uma vigorosa escrita, marcada por sua experiência clínica e institucional no campo da Saúde Mental. A autora propõe a perspectiva da *maternidade compartilhada* ou *maternidade assistida* nesses casos, mostrando passo a passo, na teoria e em sua prática, como essa modalização, oriunda de uma abordagem psicanalítica, pode ser orientadora na clínica da Saúde Mental junto àquelas mulheres psicóticas, para as quais a maternidade não se apresenta sem consequências.

A constatação de que, na sociedade ocidental contemporânea, as funções materna e paterna encontram-se em relação de equivalência, a partir da ideia de parentalidade, tornando intercambiáveis em diferentes pessoas suas funções, aparece aprofundada pela autora na crítica histórica das diferentes concepções de maternidade que atravessam nosso tempo. Não existe um modelo ideal de mãe, sendo essa função escrita, a cada caso, em experiências inusitadas e repletas de respostas inéditas, para as quais, nem sempre, nosso tempo encontra-se aberto a acolher. Essa bela revisão é realizada tomando-se a referência estrutural de Lacan que situa a função da mãe, nos cuidados que trazem a marca de um interesse particularizado, inclusive por intermédio de suas faltas. Ora, um desejo particularizado e não anônimo implica sempre, de alguma maneira, a genitora. Encontramos, assim, hoje, a família numa encruzilhada, e a mulher, em seu vértice.

Nesse sentido, nem de longe interessa pensar a genitora pela via da família burguesa reduzida ou por sua forma atual tentacular, mas antes isolar as funções subjetivas estruturantes em seu interior. Reside na criança o trabalho de elaboração em face da diferença sexual, o que implica o corpo, a pulsão sexual e a autoridade parental. Assim se articulam a função desejante do Outro materno, a função de nomeação do Outro paterno e a medida de valor que, em psicanálise, chamamos de falo, para situar simbolicamente a criança na partilha sexual. Pela via dessas funções diferenciadas, a criança atravessava o mundo em direção à vida adulta. Mercedes nos brinda, no segundo capítulo, com essa análise fina a partir de Freud, apoiada na releitura que dele faz Lacan.

No capítulo três, aprofunda a análise do lugar da mãe, diferenciando-o da experiência com a feminilidade. É justamente por carecer de uma espécie de localizador na linguagem que a mulher se encontra, muitas vezes, à deriva de um gozo não todo fálico quanto ao seu ser feminino. Nesse sentido, Lacan aporta a mulher a essa falta, marcando aí o ponto de partida para sua resposta ao enigma freudiano. Para ele, claramente a mãe é uma função disjunta da mulher, podendo, porém, nela se apoiar. Aí Mercedes nos presenteia com a exata reflexão: "esse lugar do materno, essa versão da maternidade como suplência [do feminino] não obstrui outras versões do feminino e nem impede a mulher de encontrar um significante de seu desejo no campo do Outro, que não seja única e exclusivamente o seu filho, tampão de sua falta a ser, sob pena de comprometer a subjetividade de ambos".

Ora, esse é o ponto central de toda a investigação a que nos conduz este livro. A especificidade da experiência da psicose coloca questões essenciais para se pensar a feminilidade, a maternidade e a subjetivação do filho, em face das consequências clínicas da foraclusão do nome-do-pai. A busca pela invenção subjetiva que permita que as mulheres, na psicose, ocupem-se da função materna indica a busca pela construção de saídas que contemplem o não todo da experiência com o feminino, ao lado da inoperância do nome-do-pai como articulador da linguagem nas psicoses. Como o filho ou a filha encontram-se nessa encruzilhada não é, definitivamente, sem consequências. E aí entra a maior riqueza deste livro: os casos clínicos.

A construção dos casos, atendidos e matriciados em duas Unidades Básicas de Saúde nas quais trabalha Mercedes, foi finamente articulada pela autora a partir de sua mais absoluta singularidade, tendo no detalhe e na irrupção do real seu eixo guia. É a partir do ponto em que o sintoma agencia o gozo em cada caso que Mercedes extrai o polo de sua escrita. Assim, cada caso se escreve. Joana e o "impossível" que sua filha encarna, reeditando a hostilidade entre mãe e filha a seu modo. Carmem, moradora de rua que não fora registrada pelo pai, apega-se ao significante *nêga*, sem encontrar meios de se apresentar com *dignidade* para seus filhos, num esforço que não encontra meios de se fazer mãe. Assim também Rosa Maria, com histórico de abrigamento e rua, encontra no esforço de exercer a maternidade um organizador para sua errância e sua agressividade, ainda que tenha encontrado, até então, muitas dificuldades em seu percurso. Clara, em seu trabalho de tricô de roupas de bebê, surpreende a psicanalista: sua gravidez na juventude, seguida da adoção de seu filho, consentida por ela e marcada pela rotina do silêncio e pela irrupção de seu sofrimento psíquico. E, finalmente Maria, também com história de abrigamento e trajetória de rua, encontra na religião um ancoradouro ao Outro que a invade, incluindo seus filhos em rituais de jejum e abnegação, numa família *monogâmica e nômade*, muito pouco usual por confrontar os ideais de saúde e assistência social.

Enfim, na contemporaneidade, em situações de risco e vulnerabilidade, no exercício sempre singular e difícil de ocupar a função da maternidade, com a particularidade acirrada pela experiência da psicose, testemunhamos com essas mulheres, no livro de Mercedes, um avanço teórico e clínico notável. A metodologia aqui proposta, da maternidade *compartilhada* ou *assistida*, formaliza o que a clínica psicanalítica nos ensina: não recuar. Mas, antes, alcançar em seu horizonte a subjetividade de nossa época. Leitura imperdível para qualquer espírito aberto, crítico, engajado e disposto a fazer da impotência abertura a impasses que possam produzir novas perguntas em face da reincidência impotente de nossas instituições públicas.

Uma ótima leitura!

Andréa Maris Campos Guerra

Introdução – do desejo que nos move

Em 2003, defendi minha dissertação no mestrado em Ciências Sociais na PUC Minas, onde procurei caracterizar, em meio a uma população de moradores de rua, um personagem e antigo habitante das cidades, o denominado "louco de rua". Meu objetivo nesse trabalho foi o de estabelecer, a partir de uma interlocução com o campo sociológico e o da psicanálise, os determinantes sociais e psíquicos que os levam a essa condição.

Nesse percurso pude constatar que dos doze sujeitos pesquisados, cinco foram casados e constituíram prole, mas tiveram seus laços familiares cindidos a partir de seu adoecimento e ida para as ruas. Como foi o caso de um deles, uma mulher de 45 anos, moradora há quinze anos nas ruas, que não se casou, mas teve seis filhos, todos eles dados em adoção no transcurso de várias internações em hospitais psiquiátricos. Essa mulher conhecia o paradeiro de um deles, sabia onde ele morava, com quem vivia, porém, sentia-se envergonhada em aproximar-se pelo fato de não ter nada a lhe oferecer. Mais tarde, fui procurada por um investigador particular, que representava o interesse de duas de suas filhas dadas em adoção. Fato que muito me emocionou e exigiu todo um trabalho de preparação desse encontro tardio entre mãe e filhas. Duas outras mulheres, depois de saírem das ruas, também deram continuidade ao tratamento na unidade básica de saúde. Uma delas pôde reverter – com esforço da equipe de Saúde Mental da qual faço parte, da equipe de saúde da família e educadores sociais de rua – a condição de abrigamento de um de seus filhos, hoje um adolescente. Para outras, a possibilidade de reencontro ou retomada da guarda dos filhos apresentou-se como impossível.

Foi, portanto, a partir da experiência clínica, da escuta dessas mulheres que se distanciaram ou perderam a guarda de seus filhos e encontraram a possibilidade de se reposicionarem ou não na relação com eles e com o mundo que nasceu o meu interesse pela realização de um estudo sobre as vicissitudes da maternidade na psicose.

Um elemento que se apresenta como relevante na construção e promoção do cuidado de pessoas com sofrimento psíquico grave, na prática clínica em psicanálise e no contexto de saúde pública e coletiva é a atenção à família ou ao grupo com o qual essas pessoas fizeram ou fazem algum tipo de laço social. Sabemos que, na emergência da sociedade moderna, o saber psiquiátrico penetrou nos meandros de um novo modelo de família conjugal e influenciou fortemente sua organização interna a partir da abordagem do louco. A relação da família com o louco nesse contexto aparecia como um problema social e também como uma questão teórica que vai ser trabalhada por Esquirol (1820), que foi diretor do Hospital Salpêtriere em Paris em meados do século XIX, e para quem o isolamento do louco era parte relevante do projeto terapêutico, como forma de afastá-lo da causa propiciadora de sua alienação mental. Dizia o psiquiatra que algumas vezes,

> [...] a causa do delírio existe no seio da família, desgostos domésticos, reveses da fortuna, a inveja, a presença de indivíduos que despertam ou irritam as paixões mal apagadas, provocaram o extravio da razão e são obstáculos insuperáveis para seu restabelecimento. (ESQUIROL *apud* BIRMAN, 1978, p. 276)

Considerava que, se por um lado a família precisava ser protegida das intempéries de um de seus membros, por outro, ela mesma trazia em seu cerne os germes da alienação mental de que tal membro padecia.

Até muito recentemente, a relação de pessoas com sofrimento psíquico e suas famílias era mediada por trabalhadores e organizações de saúde, principalmente os hospícios. Estes, com base no tratamento moral e disciplinar, colocavam a família no papel passivo de espera dos resultados consignados pelo saber psiquiátrico clássico, que originalmente prometia a cura ou simplesmente a excluía do processo de tratamento. Sendo assim, com uma herança perpetuada ao longo das épocas, que enfatiza as causas sociais da loucura independentemente da constituição e singularidade do sujeito, lidar com o louco e seu grupo familiar nos equipamentos que hoje são substitutivos aos hospitais psiquiátricos não é tarefa de pouca monta.

Por outro lado, a prática das equipes de Saúde Mental na rede pública de saúde tem demonstrado o quão difícil é, para muitas famílias e para a comunidade, lidar com a eclosão de uma crise, com o sofrimento de um de seus membros no cotidiano de suas vidas. Estudos realizados por pesquisadores brasileiros nos últimos anos permitem evidenciar que esse sofrimento provoca diversos abalos no grupo familiar. Para Lucia Rosa, assistente social da UFRJ, em seu livro *Transtorno mental e o cuidado na família*, "o transtorno mental provoca deslocamentos nas expectativas e nas relações entre as pessoas, ao ser um fenômeno não integrado no código de referência do grupo" (ROSA, 2003, p. 243).

O texto "Os complexos familiares e a formação do indivíduo" de Jacques Lacan merece destaque porque ali ele designa a família como um "grupo conjugal", como objeto e circunstância psíquica que objetiva complexos e nunca instintos (LACAN, 1938) e que se afigura como um grupo natural de indivíduos, unidos por uma dupla relação biológica, a saber: a geração que fornece os componentes do grupo e as condições do meio postuladas pelo desenvolvimento dos jovens que mantêm o grupo, desde que os adultos geradores assegurem sua função.

A espécie humana, diz o psicanalista,

> [...] caracteriza-se por um desenvolvimento singular de relações sociais, sustentado por capacidades excepcionais de comunicação mental e, correlativamente por uma economia paradoxal de instintos, que nela se mostram essencialmente susceptíveis de conversão e de inversão e já não tem um efeito isolável, a não ser esporadicamente. (LACAN, 1938, p. 123)

Entre todos os grupos humanos, Lacan (1938) considera que a família desempenha um papel primordial de transmissão da cultura, sendo signatária no tratamento das pulsões, na educação precoce da criança, na aquisição da língua legitimamente chamada materna. É por meio desses elementos que esse grupo rege os processos fundamentais do desenvolvimento psíquico e transmite em termos mais amplos as estruturas de comportamento e de representação. Estruturas cujo funcionamento ultrapassa os limites da consciência, estabelecendo entre as gerações uma continuidade psíquica cuja causalidade é de ordem mental.

No texto denominado "O mito individual do neurótico ou poesia e verdade na neurose" (LACAN, 1954), ele retoma em Freud o caso clínico do *Homem dos Ratos* e já conta, em *suas elaborações*, com os elementos de uma eficácia simbólica extraídos da linguística de Lévi-Strauss. Esse texto nos revela como imagem mítica uma constelação original:

as relações familiares que presidem tanto a pré-história e o nascimento, quanto o destino do sujeito. Essa constelação formada na tradição familiar, que define os traços da linguagem que especificam a união dos pais dos quais o sujeito retira elementos de uma produção própria, é, ao mesmo tempo, um roteiro imaginário e *fantasístico*. Roteiro esse que lhe vem como solução para uma angústia proveniente de sua condição de incompletude, de falta a "ser".

Também em "Nota sobre a criança", Lacan (1969) fala da "função de resíduo exercida e ao mesmo tempo mantida pela família conjugal na evolução das sociedades" (LACAN, 1969/2003, p. 373), destacando a irredutibilidade da transmissão de uma constituição subjetiva, implicando uma relação com um desejo que não seja anônimo.

Laurent (2007), um dos continuadores do ensino de Lacan, em uma entrevista publicada no jornal argentino *La Nación*, intitulada "Como criar as crianças", apresenta contribuições, no mínimo instigantes, sobre questões relativas à estruturação familiar em nosso tempo. Confirmando a tese de Lacan com relação à natureza social e não biológica dessa estrutura, Laurent considera que se não há mais família tradicional, ela ainda subsiste como instituição, o que permite inclusive "a transmissão de bens e de direitos e a articulação entre gerações" (LAURENT, 2007, p. 1). No momento em que é possível pensar sobre o fim da forma clássica de família, o romance familiar ainda assim é produzido pela criança, em uma época em que surgem novas organizações familiares, monoparentais, pessoas do mesmo sexo, de geração em vítreo etc. Ao mesmo tempo, isso nos leva a indagar sobre os arranjos familiares que também podem ser produzidos, de laços estruturais e estruturantes, que se apresentam para crianças, filhas de mulheres, para quem o exercício de uma função materna – o lugar de Outro primordial, essencial na estruturação do sujeito – encontra-se comprometido.

Embora as crianças filhas de pais psicóticos e a repercussão dessa condição em termos de constituição subjetiva e outros avatares não sejam o foco de nosso interesse, estudos realizados na UFBA (Universidade Federal da Bahia) sobre "Prevalência de distúrbios mentais em mulheres (mães) cuidadoras de crianças", publicados por Santos *et al.* (2006), encontraram uma correlação positiva entre saúde mental materna e os indicadores psicopatológicos nas crianças. Esses estudos asseveram que as perspectivas contemporâneas de regulação emocional sugerem que o papel dos cuidadores e os atributos parentais de comportamento são importantes no desenvolvimento emocional das crianças e que a sensibilidade materna influencia no desenvolvimento emocional de seu filho. De forma diferente, psicanalistas discutem as condições de possibilidades de estruturação psíquica do sujeito criança. A psicanalista Eliane Van Dieren (1994), em seu artigo "O autismo seria uma resposta a um tipo particular de melancolia parental?", discute, baseando-se em Freud, a relação mãe e criança a partir de "um luto provocado por uma perda em uma mãe fortemente perturbada em sua função" (DIEREN, 1994, p. 77-89). Essa questão, apresentada pela psicanalista, só faz redobrar a nossa responsabilidade no campo da atenção às mulheres psicóticas e seus filhos.

Em nossa prática é comum o encontro com situações clínicas mais ou menos dramáticas, de mulheres com sofrimento psíquico que ainda moram com os pais, que já se separaram ou ainda vivem com seus parceiros sexuais, bem como "chefes" de famílias monoparentais com filhos pequenos ou próximos da concepção.

As soluções encontradas até o momento pela sociedade, diante do insuportável dessa situação, não foram além das propostas anticonceptivas, de esterilização e separação definitiva da criança de seus pais para adoção ou inscrição em um percurso institucional, claramente danoso para esses pequenos sujeitos.

Em se tratando de adoção ou afastamento prolongado de crianças cujos pais são psicóticos, por exemplo, Quintão diz que:

> [...] ao testemunhar alguns encontros tardios dos pacientes com seus filhos, fica-nos a pergunta – o que podemos fazer para não reproduzirmos simplesmente atitudes que visam apenas o alívio de uma tensão insuportável de fato, mas que frequentemente rompem com qualquer possibilidade de afetividade, de vínculo, principalmente quando mais tarde uma estabilidade maior é atingida pelo paciente? (QUINTÃO, 2003, p. 1)

Deparamo-nos também, no dia a dia do trabalho, com questões relativas à iminência, existência concreta ou delirante da gravidez, ou pelo desejo de maternidade e paternidade dos sujeitos em atendimento. Um número considerável de pacientes traz à clínica questões relativas ao desejo de terem filhos ou uma disposição de cuidarem de suas crianças depois de um longo período de separação. Muitos desses homens e mulheres são surpreendidos com a notícia de encaminhamento de seus filhos para guarda de outrem ou instituição pública de abrigamento, muitas vezes sem o seu consentimento.

Nesse trabalho, não é incomum os técnicos terem a impressão de que talvez tenham chegado tarde demais, tamanha distância que se interpõe entre essas pessoas, suas famílias ou a comunidade de origem. Por exemplo, uma paciente com longo percurso de institucionalização na Febem, desde os cinco anos, mãe de três filhos, um deles dados para adoção à sua revelia, chega à unidade de saúde queixando-se de estar prestes a perder a guarda de um deles que mora em uma instituição de abrigamento onde ela, por esforço da equipe, passa a ter acesso.

Outros vêm para falar das dificuldades em torno ao cuidado de seus filhos. Uma jovem mulher psicótica vem nos contar sobre a insuportável dor que sente ao escutar de seu filho de cinco anos que está com enurese noturna, lançar-lhe uma sequência de perguntas que ela considera sem nenhum sentido e, por último, conta sobre a sua angústia quando se vê com vontade de espancá-lo diante de sua própria falta de respostas. Outra paciente pede para trazer seu filho de nove anos para uma consulta pelo fato de ele estar apresentando sintomas de dispersão e desinteresse na escola. Conta-me, no dia em que traz a criança, juntamente com um relatório da escola, que o problema do filho nada tem a ver com ela e sim com o novo casamento do pai. Por outro lado, fala de uma série de desmaios que tem tido e que o menino é quem fica ao seu lado nessas ocasiões, mostrando resistência para ir à escola, colocando-se claramente no lugar de cuidador de sua mãe.

Um congresso realizado por *La Ligue Bruxelloise Francophone por La Santê Mental*,[1] em 2002 na Bélgica, teve como um de seus temas privilegiados "Psicose e família, perturbações recíprocas", que se aproxima de questões importantes que devem ser consideradas em nossa clínica. Esse tema colocou em evidência os modos de comunicação complexa no seio das famílias nas quais um dos membros apresenta uma sintomatologia psicótica: os fenômenos de transmissão, inter e transgeracional, que se

[1] Congresso européen francophone co-organizado por La Ligue Bruxelloise Francophone pour la Santé Mentale em colaboração com L' union Internationale d'Aíde à la Santé Mentale Et L'association Française de Psychiatrie com o título: Penser la psychose – Du traitement à l'accompagnament.

entrecruzam, e os tipos de interação específica que os pacientes psicóticos e seus familiares mantêm entre si. Trata-se nesse trabalho do acréscimo de um refinamento clínico que permite apontar a importância do tratamento de situações com essas características, dentro da possibilidade de cálculo, considerando a constelação familiar.

O atendimento a esses pacientes nas unidades básicas de saúde remete também a indagações de médicos generalistas das equipes de saúde da família, de pediatras e ginecologistas sobre a condução de casos de pacientes psicóticos que desejam engravidar ou têm filhos sob sua guarda. Alguns profissionais chegam a recomendar o afastamento definitivo de crianças do convívio com os pais acometidos de sofrimento psíquico. É preciso atentar para as implicações desse ato na subjetividade desses pais e de seus filhos. É preciso ainda interrogar se essa conduta, que tem o risco da naturalização (no sentido do método que separa sujeito e objeto), não se aproximaria mais de uma espécie de eugenismo nas intervenções de saúde coletiva voltadas para pacientes psicóticos.

Em um relato de apresentação de uma paciente, feita por Lacan em 1976, em um hospital psiquiátrico em Paris, Czeemak (1991) diz que "o psicanalista chega a recomendar seu afastamento do cuidado de seu único filho". Essa prática exercitada por Lacan em suas "apresentações de pacientes", considerada uma inovação na importância dada à fala do paciente – tanto no estabelecimento do diagnóstico, quanto na implicação do sujeito naquilo de que ele padece – teve e ainda tem grande prestígio na formação dos psicanalistas e é fruto de uma expectativa de seu inventor, o de distanciar a psicanálise do caráter demonstrativo ou pedagógico da psiquiatria de Charcot ou Kraepelin, que em nada contavam com os interesses do paciente. Foi no debate que se instalou ao fim dessa entrevista com essa paciente, cujo diagnóstico se afirmou em torno de uma parafrenia imaginativa, que um dos participantes da plateia pergunta à Lacan se ele recomendaria a essa mãe o cuidado de seu filho, ao que ele responde:

> [...] eu não estou absolutamente convencido disto. Eu preferiria mesmo que não o confiem a ela. Não me parece que seja algo a recomendar. Ela já tem coisas o bastante para se preocupar. Ela quer se valorizar, que a valorizem se puderem. (LACAN *apud* CZEMARK, 1991, p. 31)

Além das questões sobre a novidade da prática de apresentação de pacientes, no contexto do ensino de Lacan, que esse documento suscita, sua escuta nesse caso nos leva a interrogar tanto sobre o diagnóstico clínico que pode determinar se uma criança deve ou não ficar sob a guarda de seus pais definitivamente ou durante o período agudo de seu adoecimento, quanto sobre as condições possíveis da maternidade na psicose.

Diante das questões que se colocam, e na perspectiva de fazer avançar a clínica com mulheres e mães psicóticas, o que nos interessa investigar, numa interlocução com o campo psicanalítico e a partir da escuta de alguns casos, é o que se passa em torno da relação entre uma mãe, ainda que psicótica, e seu(s) filho(s), ou seja, o que podemos encontrar das vicissitudes da maternidade na clínica da psicose.

Ao falar de maternidade, colocamo-nos de imediato diante do feminino. Em psicanálise, não há discurso possível sobre a mulher entendida como um "ideal feminino", na medida em que se trata de um discurso que se sustenta na ordem fálica, na ordem de uma falta e que, por isso mesmo, contém a interdição de falar sobre o que excede nessa ordem. Trata-se, portanto, neste trabalho, que se desenvolverá a partir do estudo de casos clínicos, sobre a questão da mulher, uma a uma, e mais, de mulheres e mães que não passam pela mediação da ordem fálica, que são as mulheres na clínica da psicose.

Quando as mulheres do século XVI estavam mais envolvidas com o domínio do seu "ser feminino" e fora dos domínios do poder e do ter, fazer o feminino era uma tarefa que tomava grande parte de seu tempo, se não todo. Então, uma das coisas que elas faziam com muita habilidade era "tecer", com a finalidade de constituir esse feminino que, como veremos neste estudo, não lhes é dado de antemão e que nunca está pronto. Freud já falava sobre isso em algum lugar de seus ensaios teóricos sobre as mulheres e, aliás, foi e ainda é muito mal interpretado. De modo que assim, adentrando com a devida cautela no universo que é o das mulheres, vamos falar de construções do feminino, a partir de um gozo que escapa à dimensão fálica e, desde que costuradas com a linguagem, podemos nomeá-las também de "tessituras" do feminino.

No campo interdito para as mulheres, que era o campo dos afazeres masculinos do século XVI, o campo das batalhas e das disputas de poder, elas tinham filhos, mas não os criavam se não o quisessem. Por outro lado, embelezavam-se para os homens na tentativa de fazer-se existir e assim tecer algo do feminino, com o resto de gozo que escapa à lógica fálica. As mulheres psicóticas que não passam pela castração também tecem e têm filhos, e para algumas delas esse filho lhes vem como recurso de suplência à foraclusão do nome-do-pai. Outras mulheres psicóticas, ainda que tenham filhos, nem tanto, posto que se encontram ocupadas em buscar outros recursos para essa falta de inscrição na ordem fálica.

Algumas delas buscam no "amor desmedido, amor louco, amor a Deus-Pai ou no nomadismo" essa falta de consistência imaginária e simbólica que lhes daria a submissão à ordem fálica. Outras são "enredadas" com seus filhos, nos fios da devastação, tecidos junto às mães da infância e seu Outro primordial, o que pode ocorrer também com as não psicóticas. Outras tecem e "tessituram", os fios da maternidade perdida. Isso posto, vamos ao seu encontro.

CAPÍTULO 1

O lugar da mulher e da mãe ao longo das épocas

Digo-te que podes ficar de olhos fechados sobre o meu peito
porque uma ondulação maternal de onda eterna
te levará na exata direção do mundo humano.[2]
(Cecília Meireles)

O lugar da mulher e da mãe, bem como o da criança, inscreve-se na cultura segundo uma lógica que responde a uma forma de organização social num dado contexto histórico. É o que vamos descobrir a partir da leitura de alguns estudiosos, que, ao se debruçarem sobre esse tema, vão encontrá-lo respondendo aos interesses socioeconômicos e culturais ao longo das épocas.

Por mais longe que nos colocarmos na busca desse lugar na sociedade ocidental, vamos encontrá-lo submerso no interior da família denominada patriarcal, acompanhado da autoridade marital, ainda que saibamos que a primazia em termos de poder e autoridade do homem sobre a mulher remonte aos primórdios da humanidade e esteja calcada primariamente nas características físicas de um e de outro.

Os vários lugares reservados aos homens nas sociedades clássicas corresponderam a um lugar diferente para as mulheres, para as mães e para as crianças. Durante toda a antiguidade, os poderes do homem como "chefe de família", por exemplo, permaneceram inalterados, ainda que atenuados na sociedade grega e acentuados entre os romanos. À mulher legava-se, nesses primórdios da cultura ocidental e durante toda a sua vida, a condição jurídica de menor, pouco diferente da condição de seus filhos e das crianças em geral.

[2] Da poesia "Desamparo", de Cecília Meireles, em *Viagem e vaga música*. 2006. p. 29

Em seu livro *Um amor conquistado* – o mito do amor materno, a filósofa Elisabeth Badinter (1985), voz controversa do movimento feminista francês, diz que foi preciso esperar pelo cristianismo para que a autoridade do homem sobre a mulher fosse atenuada. Com a introdução dos preceitos de amor em Cristo, de igualdade e companheirismo marital, o casamento, que até então era uma instituição contratual leiga, passa a ser uma instituição divina. Na medida em que uma entidade, ou uma nova autoridade se interpôs entre um e outro, amenizou-se o poder exorbitante do marido sobre a mulher e os filhos. Na França, até o fim do século XIII, a igualdade entre os cônjuges proclamada pela Igreja traduziu-se num certo número de direitos concedidos às mulheres, ainda que mais dirigidos às que pertenciam às classes superiores. Entretanto, o desenvolvimento do direito romano na França do século XIV marcará um estancamento da influência liberal da Igreja, estabelecendo uma maior equidade de poder entre os sexos, com repercussão direta sobre os direitos adquiridos da mulher na sociedade da época.

Badinter (1985) afirma também que a partir do século XIV até o século XVIII os parcos direitos econômicos adquiridos pela mulher e avalizados pela Igreja restringir-se-ão progressivamente até o seu desaparecimento completo. Na mesma medida, a autoridade paterna recobrará sua força, graças não só à influência do direito romano, como também a do absolutismo político.

Até o século XVII e início do século XVIII, portanto, em uma sociedade onde a família é considerada como uma célula sagrada, como um grupo religioso, a mulher teve um lugar predominantemente de submissão ao marido que, como senhor da casa, possuía funções essencialmente judicativas de julgar e punir, tendo, assim, a tarefa de velar pela boa conduta dos membros desse grupo (mulher e crianças) e responder por isso junto à sociedade.

As razões da superioridade do homem sobre a mulher durante o longo período que vai da antiguidade até o século XVIII poderão ser encontradas, para essa autora, assentadas no tripé de três discursos:

1. Na filosofia política de Aristóteles, em razão de uma naturalização da superioridade do homem sobre a mulher, e consequentemente a autoridade do marido e pai sobre a mãe e o filho;
2. Na teologia cristã estariam as razões da submissão da mulher em relação ao homem, bem como da autoridade divina sobre

os dois, ainda que trazendo a mensagem de amor e igualdade em Cristo;

3. Um terceiro elemento é o princípio da autoridade que pode ser encontrado ainda no discurso produzido pelo sistema político de governança que foi o absolutismo e que apregoa a similitude do monarca terreno com o Deus Pai celestial, gestor de todas as criaturas.

Desse modo, será em torno desses discursos que irá se inscrever o lugar da mulher e da mãe nas sociedades antigas e clássicas até o início da chamada Era da Modernidade.

1.1 O amor materno, uma tradição inventada

É nesse contexto do longo reinado da autoridade patriarcal e marital que vamos encontrar indícios do desenvolvimento do denominado "amor materno", tal como é considerado em nossa contemporaneidade. Badinter (1985) constata ao longo de seus estudos uma extrema vulnerabilidade desse sentimento que, em vez de inato, foi, tanto quanto o lugar da mulher e o da mãe, construído pelas sociedades a partir de determinantes socioeconômicos, culturais e políticos. Na verdade, o comportamento das mães com relação aos filhos no contexto familiar, até meados do século XVIII, oscilou entre a rejeição e a indiferença, e esteve a seu ver associado às forças de manutenção de uma sociedade hierarquizada, que tinha na obediência da mulher ao homem e ao marido uma virtude, que, por sua vez, deixava pouco espaço para manifestações de outros sentimentos humanos, como o amor, a amizade e, diríamos também, o desejo particularizado do sujeito. Nessa época diz a autora:

> O amor parecia ser muito débil para que sobre ele se construísse alguma coisa. E, se apesar de tudo, ele existe no seio da célula familiar, mal pode ser percebido nos documentos que conhecemos. Quando se manifesta de algum modo, nas relações familiares é de passagem, entre uma frase e outra, quase envergonhadamente. (BADINTER, 1985, p. 45)

Outra motivação para essa distância encontrada no campo relacional e dos afetos dos adultos pelas crianças e da mãe pelos seus filhos é atribuída por outros autores ao alto índice de mortalidade infantil consoante com terríveis avatares da vida (pobreza extrema, epidemias, guerras), por que passaram os nossos antepassados. Para essa estudiosa, mais do que a existência de maior ou menor "amor materno", segundo as dificuldades externas que se abatem sobre as pessoas, o que na verdade se constata é que esse sentimento não tinha na era clássica o valor social e moral dos tempos atuais. Na verdade, mais do que constante na natureza da mulher, "o amor materno" tal como se coloca hoje foi uma conquista da civilização.

Outra maneira de aproximação dos sentidos do "amor materno", ao longo das épocas, é por meio dos estudos realizados por Philippe Ariès. Nesses, o historiador francês fala sobre o surgimento do "sentimento de infância" (ARIÈS, 1981, p. 26) e seus desdobramentos ao longo das épocas. Para o autor, nas sociedades antigas o sentimento de infância nem sempre existiu. Na Idade Média, por exemplo, passados os riscos de sobrevivência da primeira infância, a criança não era distinta dos adultos em tratamento. Não que não houvesse afeição pelas crianças, diz Ariès, mas faltava uma consciência de uma particularidade infantil que a distinguisse dos adultos. A seu ver, a criança que sobrevivia às doenças e tinha condições de viver sem a solicitude de sua mãe, ou de sua ama, ingressava na sociedade dos adultos como mais um e sem distinção. Acreditamos que no contexto do mesmo percurso realizado por esse historiador para descobrir sobre a particularidade da criança e do "sentimento de infância" é que podemos também encontrar algo sobre o desenvolvimento do "sentimento de amor materno". Ao lado de Ariès, a psicanalista Maria Antonieta Pisano Motta (2001), em seu livro *Mães abandonadas*: a entrega de um filho em adoção, destaca os fundamentos socioeconômicos e culturais de transição desse sentimento e a não essencialidade do amor das mães pelos filhos, tendo como referência o trabalho de pesquisa realizado em 1989 por Leitão Fernandes em uma maternidade em São Paulo:

> [...] a maternidade (e ligada a ela o abandono) é um fato social total que só se desvela se compreendido historicamente nas suas vertentes biológicas e psicológicas, culturais e socioeconômicas e não de um modo essencialista seja qual for a essência eleita ou a sua justificativa. (MOTTA, 2001, p. 66)

Podemos observar também que as condutas de abandono da criança eram comuns até meados do século XVIII, e que a indiferença, a frieza e o desinteresse pelo rebento que acabava de nascer eram atitudes tidas como normais naquela época. O que nos leva a pensar que o amor pela progenitura não sufocava de modo geral as mulheres, e que essas atitudes eram toleradas pela sociedade, além de não serem consideradas parte de uma essência feminina ou de sua natureza.

Para Moreira (2010), o denominado "amor materno" emerge na Europa em meados do século XVII, quando as mulheres serão conclamadas progressivamente a cuidar da sobrevivência de seus filhos. Ele também assinala que nessa época descortinam-se os interesses de uma burguesia revolucionária, que associa cuidados maternos à necessidade de sobrevivência das crianças, como garantia de manutenção de poder de uma classe em ascensão. Outro fator determinante na ocorrência da valorização do cuidado da criança pela mãe é a introdução de estudos demográficos que se multiplicam em território europeu, apontando um crescente despovoamento, particularmente na França.

A valorização do "amor materno" contou, também, com a contribuição da filosofia iluminista com os escritos literários e políticos de Rousseau, Montesquieu e Voltaire. Também os médicos e especialistas da época, particularmente os higienistas, contribuíram para a proclamação do caráter natural e instintivo desse sentimento. O que deixa claro que cada época produz e encarna um modelo de "ser mãe", baseado numa diferenciação de papéis, sempre definida de acordo com os interesses do sistema socioeconômico e cultural vigente.

1.2 Da descoberta da sexualidade feminina à valorização do amor materno

Ao discorrer sobre as categorias de anormalidade na idade clássica, Michel Foucault (2002), em sua aula de 25 de janeiro de 1974 no Collège de France, introduz o que ele chama de "primeiros rudimentos de uma clínica da sexualidade" e, muito particularmente, de uma clínica da sexualidade feminina. No período que abarca toda a Idade Média e segue no pensamento do século XVII ao século XVIII, a tradição ao mesmo tempo jurídica e científica considerava uma monstruosa infração da natureza todo homem ou mulher que fosse hermafrodita, ou seja, que trouxesse em seu corpo biológico um misto dos dois sexos. Entre a série de casos que mobilizarão fortemente o debate entre a medicina e o campo jurídico nessa época, Foucault se interessa particularmente por um deles, o do "Hermafrodita de Rouen", datado no ano de 1601 por um médico chamado Duval. Tratava-se de alguém que havia sido batizado com o nome de Marie Lemarcis que, pouco a pouco, tinha se tornado homem, vestindo roupas de homem e se casado com uma viúva que, a seu lado, já era mãe de três filhos. Levada a júri, essa mulher foi condenada à morte e sua companheira à expiação até o final de sua vida. Mas um segundo julgamento considerou a necessidade da realização de um exame médico. Da condenação à morte escapa essa mulher, a partir de uma avaliação médica diríamos hoje "pericial", que não encontra nela nenhum sinal de virilidade. Sua pena restringe-se, finalmente, à proibição do uso de vestes masculinas e à interdição de qualquer relação sexual, enfim, à proibição cabal do exercício de sua sexualidade. A novidade apontada por Foucault encontra-se na introdução do discurso médico sobre a sexualidade da mulher a partir do exame minucioso de seu corpo, até então proibido de ser nomeado por quem quer que fosse pela tradição da antiguidade. Isso porque na antiguidade, diz Duval nos autos, "as mulheres eram gente particularmente desprezível". E seus órgãos, os da sexualidade ou de reprodução, não podiam ser objetos de descrição. Diz ainda o médico que foi preciso que viesse a Virgem Maria, trazendo o salvador em seus flancos e a instituição do matrimônio, para dar serventia nobre e divina providência a um corpo até então eivado de vícios, lubricidade e depravação. Corpo agora também matriz econômica de transmissão de bens. Data Foucault esta época como a de introdução no discurso médico de uma articulação entre a sacralização religiosa e econômica da mulher e a sua mercantilização. Bem como sua ascensão ao lugar do sagrado, do precioso, na medida em que reproduz filhos, por sua vez também preciosos, desde que futuro de uma nação.

A criança, que nos séculos anteriores ao século XVII era considerada um vivente insignificante, relegada aos cuidados de outrem e na maioria das vezes mantida fora da célula familiar desde o nascimento, a partir daí, passa a adquirir um valor mercantil, cuja potencialidade como riqueza econômica e garantia de poderio militar da nação é exaltada. Instaura-se, pois, um novo modelo de divisão sexual do trabalho industrial e mercantil, que delega prioritariamente às mulheres as tarefas de gerar, criar e educar os filhos, tornando-os parte promissora na cadeia das gerações.

A mulher, legada durante séculos a um lugar subalterno do qual só escapava em detrimento dos filhos (deixando-os aos cuidados ou descuidados de amas de leite), pôde, a partir desses determinantes, vislumbrar por meio da maternidade a possibilidade de ascensão a um lugar de reconhecimento que até então lhe era recusado.

Vieira (2004), em seus estudos sobre a infância e a modernidade, estabelece uma interlocução com vários estudiosos, entre eles o sociólogo Jean Baudrillard. Vamos nos servir também dos estudos dessa historiadora para tentar compreender as relações entre as crianças e os adultos, particularmente a relação entre a mãe, a criança e a ideia de "amor materno" junto a seus epítetos ao longo das épocas. Em seus estudos sobre a ideia de modernidade, Baudrillard (1989) observa que, apesar de os pares antigo/moderno serem conhecidos em distintos tempos históricos, o termo modernidade aparece pela primeira vez em Baudelaire, no ensaio "O pintor da vida moderna", publicado em 1863.

Segundo Baudelaire, o pintor, tanto quanto o romancista ou o filósofo, é aquele que capta e absorve o efêmero e o contingente como elementos tradutores da modernidade. Assim, Baudelaire entende que o pintor

> [...] é aquele que se delicia com finas carruagens e orgulhosos corcéis, com a esplendorosa sagacidade dos cavalariços, com a destreza dos pedestres, com o moroso andar das mulheres, com a beleza das crianças, felizes por estarem vivas e bem vestidas – numa palavra, ele se delicia com a vida universal. (BAUDELAIRE *apud* VIEIRA, 2004, p. 36)

Lançando mão dessas referências poéticas, Baudrillard convida-nos a pensar que não é possível tomar o termo modernidade como conceito, já que a modernidade especificou-se em todos os domínios: no Estado, na técnica moderna, nos costumes e nas ideias modernas. No entanto, a seu ver pode-se apreender a existência de uma lógica da modernidade, uma moral canônica da mudança, que se realiza nos costumes, no modo de vida moderno e no cotidiano, que se opõe à moral canônica da tradição, ainda que guardando desta alguns elementos de repetição. Assim, "enquanto idéia em que toda a civilização se reconhece, ela assume uma função de regulação cultural e, por aí, associa-se sub-repticiamente à tradição".[3] Portanto, a ideia e sentimento de infância, e de "amor materno", podem ser associados à ideia de Baudrillard de regulação social, tradição e modernidade. E ao que entendemos do que poderia ser, recorrendo à psicanálise, uma verdadeira regulação social do gozo.

Para Vieira (2004), a modernidade que se realiza no século XIX funda-se a partir de profundas mudanças políticas, culturais, sociais e econômicas ocorridas em diferentes partes do mundo a partir do século XVI. Essas mudanças podem ser traduzidas em uma infinidade de acontecimentos perturbadores dos costumes e hábitos humanos que seriam: as viagens ultramarinas, as reformas religiosas, o Racionalismo e o Iluminismo, a Revolução Industrial, as alterações nas relações de trabalho e na subjetividade, as distinções entre o público e o privado, a redefinição dos núcleos familiares, as profundas mudanças na cultura material das sociedades, sendo ainda elementos propulsores de sua universalização.

No interesse de nossa pesquisa, vamos nos ater a um dos acontecimentos que, do ponto de vista de Vieira (2004), fez parte desse processo de invenção de técnicas, costumes e ideias modernas, enquanto dispositivos sociais de "regulação cultural", termo que ela encontra em Baudrillard em associação à tradição e que, no nosso entendimento, aproxima-se mais uma vez do que em psicanálise diz respeito ao controle das pulsões, ao tratamento do gozo. Um desses dispositivos de regulação cultural em Baudrillard diz respeito à difusão e à universalização de formas específicas de tratamento da criança em distinção ao mundo dos adultos.

Consideraremos também as contribuições de Hobsbawm e Ranger (1997) que cunharam o termo *invenção das tradições*. Para eles, as tradições são inventadas, manifestam-se nas formas ritualísticas e simbólicas, e têm como objetivo estruturar de maneira imutável e invariável alguns aspectos da vida social. Sendo assim, as relações entre infância e modernidade se estabelecem a partir da invenção de uma tradição. Uma tradição que dá lugar distinto ao mundo do adulto e ao mundo da criança, estabelecendo as relações entre um e outro, o que nos possibilita pensar sobre o "amor materno" também como algo dessa ordem, o de uma tradição inventada.

3 BAUDRILLARD, 1989, p. 552 *apud* VIEIRA, 2004, p. 36: "Ainsi, en tent qu idée ou toute une civilisation se reconnâit, elle assume une function de regulation culturelle pa lá subrepticement la tradition."

Há outra contribuição que pode enriquecer muito a discussão que nos interessa sobre o lugar da mulher e o da mãe ao longo das épocas, à medida que se introduz um viés inédito de leitura, deixado ao largo por muitos autores aqui citados. Essa contribuição vem ainda de Vieira (2004), que reflete sobre a subjetividade no âmbito de uma racionalidade produzida para o trato da infância na modernidade. Considerando em especial, entre outras, a produção de ações e saberes que muito nos interessa, justamente pela possibilidade que inaugura sua interlocução com a psicanálise.

É quando essa autora, no mesmo texto que vínhamos cotejando até aqui, volta-se para uma interlocução muito rica com o sociólogo Norbert Elias, que em seu extenso trabalho intelectual produziu uma obra consistente e original, num esforço de compreender as profundas mudanças sociais e também psíquicas por que passaram a humanidade ao longo das épocas, voltando seu olhar para os costumes e modos de vida das sociedades, desde as clássicas às modernas.

Um termo, cunhado por esse sociólogo, que se aproxima da psicanálise e particularmente de Freud, pode auxiliar nossa investigação sobre a maternidade. Trata-se do que Norbert Elias chama de Processo Civilizador "um movimento de mudança de longa duração, não intencional ou planejado pelos indivíduos e grupos que dele participam" (QUINTANEIRO, 2011, p. 71). O Processo Civilizador de Elias não possui um marco zero, um começo absoluto, e pode avançar tanto quanto retroagir. Na medida em que não possui um início, um começo absoluto e nem tampouco visa a uma finalidade específica, pode tanto avançar no sentido de maior autocontrole, diferenciação e integração social, quanto inverter essa direção, quando se torna descivilizador, tal como entendemos que sejam as guerras, ou reversos no campo das políticas públicas, por exemplo.[4] Tem a característica de instituir uma modelagem

[4] Quando falamos de processos civilizatórios e descivilizatórios a partir de Elias, é importante ressaltar que embates entre o campo jurídico e o da assistência social e saúde a mães e bebês em situação de vulnerabilidade têm ocorrido em nossa atualidade sombria e têm apontado para retrocessos inimagináveis, quando o primeiro se arvora em fazer determinações para o segundo sem discussão. Por exemplo, a determinação de separação sumária, de mães denominadas "mães do crack" (que podem estar com sua subjetividade comprometida e ter a maternidade como solução no lugar da droga) de seus bebês, unicamente pela presunção moral de incompetência dessas mulheres para a função.

específica sobre ações e sentimentos, cuja origem passa gradativamente de fontes externas até se constituir em autodomínio interno, aproximando-se assim dos conceitos freudianos. O Processo Civilizador de Elias é uma tendência de movimento no tempo, que promove a pacificação das condutas e o desenvolvimento de formas mais complexas de organização política e de divisão do trabalho entre os humanos. Assim, aproxima-se de algo muito semelhante a um trabalho, que no campo da psicanálise é denominado "controle ou domínio das pulsões", questão sobre a qual se debruçou Freud ao longo de toda a sua obra e, de forma mais específica, nos chamados textos tardios, escritos sociológicos que são, principalmente, *O futuro de uma ilusão* (1927), *O mal-estar na civilização* (1930) e, muito marcadamente em sua correspondência com Einstein, no texto "Por que a guerra?" (1933).

A constituição de autodomínio e de pacificação de condutas na espécie humana é um dos marcos do processo civilizatório encontrado por Quintaneiro (2011) em Norbert Elias (1997), que diz respeito à mudança na relação entre os constrangimentos sociais externos e os autoconstrangimentos individuais. Segundo o sociólogo,

> [...] caso se quisesse tentar reduzir o problema-chave de qualquer processo civilizador à sua fórmula mais simples, então poder-se-ia dizer que é o problema de como as pessoas conseguem satisfazer suas necessidades animalescas elementares sem reciprocamente se destruírem, frustrar, humilharem ou de algum modo causarem repetidos danos umas às outras em busca de satisfação. (ELIAS, 1997 *apud* QUINTANEIRO, 2011, p. 71)

Nessa perspectiva, é possível compreender os lugares da criança, da mulher e a passagem do sentimento de amor materno da contingência à necessidade, como elementos componentes no movimento de um Processo Civilizatório, como um longo esforço no sentido de aprimoramento das relações humanas, de um movimento de controle das pulsões, de apaziguamento, de tratamento do gozo ao longo das épocas.

Vimos, no início deste capítulo, que Ariès (1987) discute a história da infância com base na premissa de que a criança foi um não valor na Idade Média. Segundo ele, o espaço para a criança é produto da modernidade, e o sentimento sobre a infância até o século XVII não existia. Também Le Goff (1999) corrobora com essa mesma ideia ao dizer que, nessa época, "amava-se nas crianças o homem ou a mulher imaginados no futuro".

Continuando a acompanhar as elaborações de Vieira (2004) sobre o tema, vamos encontrar uma série de interrogações sobre a suficiência dos argumentos do não valor, ou da ausência de sentimentos de infância, na compreensão do lugar que a criança passou a ocupar nas sociedades ocidentais desde o século XVI, a partir da ocorrência de acontecimentos nomeados como próprios da modernidade.

Para essa autora, a insuficiência desses argumentos encontra-se na constatação de que uma socialização de crianças das classes burguesas, e em menor proporção das classes trabalhadoras, praticamente se completou ainda no final do século XIX. Socialização esta que se deu a partir de diferentes dispositivos – saberes filosóficos e técnico-científicos – que se consolidaram nessa época nas sociedades ocidentais. Ela assinala também a existência de ambiguidades nos sentimentos em relação à infância que podem ser constatadas nesse período, tanto do ponto de vista de seu tratamento, por meio da permanência de atos de violência física e moral contra a criança, quanto da percepção da criança por ela mesma como o adulto que virá a ser.

Esses acontecimentos indicam a necessidade de um aprofundamento na compreensão das circunstâncias que possibilitaram a sociedade adulta, no início do século XXI, a perceber a criança como um outro distinto, e compreender a infância em um dado contexto histórico, para além de uma lógica supostamente natural e evolucionista de entendimento das etapas da vida.

Para tanto, Vieira (2004) utiliza a ideia de "tempo geracional" (ELIAS, 1998), produzido no contexto do processo civilizador das sociedades que trabalhamos anteriormente e que envolve crianças e adultos numa perspectiva relacional e como uma dimensão da experiência humana, considerando agora o tempo como um símbolo cultural que também agrega sentido à nossa investigação. Essa ideia se distancia tanto das concepções de tempo puramente instrumental, quanto das concepções de tempo que dissociam natureza e sociedade para explicar a necessidade humana de medi-lo. Descartes (1596-1650) considera o tempo como algo que precede a experiência humana; Newton (1642-1727) o considera como um dado objetivo do mundo criado; já Kant (1724-1804) concebe o tempo como forma inata de experiência não modificável na natureza humana.

A partir daqui, pensamos a ideia de tempo como a percepção de ordenação do curso da vida, do nascimento à morte, e como um símbolo cultural, passível de sofrer variações ao longo das épocas, e que está diretamente relacionado, entre outras coisas, às mudanças ocorridas na maneira como os homens produzem os símbolos para relacioná-los aos diferentes processos. Assim, podemos compreender o tempo da infância em distinção ao tempo do adulto como uma função de regulação sociocultural e de orientação na cadeia das gerações, que demandou longo processo de aprendizagem e que, na leitura que Veiga faz de Elias,

> [...] esteve relacionada ao processo de transformação da coerção externa do tempo (este presente em qualquer contexto histórico) em uma coerção interna cada vez mais presente, possibilitando uma conscientização, uma autodisciplina que envolveu a existência do indivíduo e a sua personalidade. Essa dinâmica foi parte do processo civilizatório e se conformou lentamente como um *habitus* social. (VIEIRA, 2004, p. 40)

om base nesses argumentos, podemos considerar que a infância na modernidade foi uma categoria de tempo produzida em função de uma regulação sociocultural, com base nas múltiplas experiências vivenciadas pelos diferentes grupos sociais. Em referência ao tempo do adulto, o tempo da infância estabeleceu-se como um elemento de distinção geracional, produzido por necessidades socioculturais que precisam ser aprendidas para auferir legitimidade e reconhecimento em um dado momento histórico por toda a sociedade.

Retomando as reflexões de Baudrillard – sobre a modernidade como regulação cultural em associação com a tradição – as elaborações de Hobsbawm e Ranger – sobre a invenção das tradições – e as de Norbert Elias – sobre os processos civilizatórios e sobre a distinção geracional na relação entre a criança e o adulto –, é possível inferir a ideia de que a valorização do "amor materno" deu-se como forma de tratamento do gozo, de trabalho psíquico necessário, que também emergiu, consolidou-se e tornou-se uma verdade incontestável e ainda uma tradição, no contexto da trama civilizatória que ocorreu nas sociedades modernas.

Dito de outro modo, talvez seja possível considerar os instrumentos teóricos dos quais se serviu Vieira (2004) para a discussão do lugar da criança na sociedade moderna, pertinentes, também, para pensar o lugar do adulto e, mais precisamente, o da mulher e o da mãe dedicada e amorosa nesse contexto. Ou seja, compreender a valorização do "amor materno" que, se pensado nessa lógica, em vez de "sentimento", como foi nomeado por Ariès (1987) para a infância, seria mais uma categoria, um significante inventado, para responder a certas necessidades humanas no processo histórico e civilizatório das sociedades ocidentais tidas como modernas.

1.3 A condição de ser mulher

É possível pensar a condição da mulher ao longo das épocas em sua articulação com acontecimentos históricos que contribuíram na produção de um comportamento distinto dos adultos em relação às crianças no mundo ocidental. O caráter circunstancial dos processos sucessórios ocorridos nos tronos da Europa, em séculos anteriores ao século XIV, época inclusive em que foi instituída a idade jurídica na França, é um dos elementos a ser considerado para entendermos essa condição. Em um estudo sobre o problema da sucessão ao governo de Luiz VIII da França do século XIII, que deixou como herdeiro Luís IX, uma criança de 12 anos, Le Goff (1999) fala sobre as inquietações e medos dos adultos diante de fatos como esses que podem ser encontrados também em textos da bíblia: "Infelicidade para ti, terra cujo rei é uma criança" (LE GOFF, 1999, p. 87).

Nessa época, em se tratando de questões jurídicas, os limites de idade oscilavam muito e as regulamentações eram inconstantes e imprecisas. A condição de adulto no caso da sucessão de Luiz VIII, de acordo com a leitura de Le Goff (1999), esteve antes associada ao problema do prosseguimento da linhagem e da necessidade de assunção ao poder do que propriamente à idade dos candidatos. A tradição romana, por exemplo, não comportava uma "maioridade legal" (LE GOFF, 1999, p. 85). No lugar de menores havia impúberes, e a decisão de deixar de sê-lo era de responsabilidade do pai ou do tutor.

Outra condição de tornar-se adulto deu-se pela via do casamento, que, além de cumprir a função de manutenção da linhagem, realizava-se por conveniência dinástica e política. O casamento, vamos dizer, "por amor" era, na época, inexistente e só encontrava seu lugar na subversão dos costumes, ou seja, no rapto, no concubinato, no adultério e na literatura.

No Brasil de Pedro II (1825-1891), tal como na Europa, também foi possível tornar-se adulto pela via política. O infante alçou a coroa com 16 anos em 1841, celebração que foi acompanhada por manifestação de inquietações oficiais e populares, numa época em que aconteciam discussões em torno da antecipação da maioridade: "Queremos Pedro II/ embora não tenha idade/ A nação dispensa a lei/ E viva a maioridade", ou na boca do povo, "Quem põe governança/ Na mão de criança/ Põe governança/ No papo da onça" (SCHWARCZ, 1998 *apud* VIEIRA, 2004, p. 43).

Essa tendência à indistinção geracional entre adultos e crianças foi acompanhada pela Igreja, que também não favorecia a distinção do mundo da criança do mundo do adulto. O batismo de crianças em idade tenra no século XIII teve como objetivo intervir na produção da identidade dos sujeitos, mais no interesse de sua classificação como hereges, cristãos ou pecadores, do que como distinção geracional entre adultos e crianças. Nos hospitais, asilos e albergues gerenciados pela Igreja para acolher os pobres e indigentes, também não existia tratamento distinto para adultos e crianças em situação de fragilidade e dependência.

Ariès (1987) observou em seus estudos que a indistinção entre adultos e crianças em várias circunstâncias perdurou até meados do século XVIII, e que essa mescla de idades poderia ser localizada por ocasião das festividades populares. Vieira (2004) acrescenta a essa discussão um elemento novo que analisa o lento deslocamento do comportamento cortês que distinguia nobreza da plebe na Idade Média. Essa distinção foi importante para a formação do comportamento civilizado, propiciado pelas mudanças sociais e políticas que ocorreram a partir do fortalecimento do Estado absolutista do século XV ao XVI. Motivada pelas perdas das funções guerreiras, uma nova corte estabelece–se, baseando-se em laços de interdependência entre seus membros, criando novas formas de civilidades e de distinção social, ao preço do desenvolvimento da auto-disciplina, do controle dos instintos, das emoções, impondo a si mesma uma verdadeira "economia das pulsões" (ELIAS, 1998).

Outra forma de distinção social dessa época deu-se pela educação escolar. O ensino passou a ser organizado por idades entre as camadas altas, com ênfase na formação do adulto gentil e honrado mais do que numa distinção entre adultos e crianças, ainda que nesse procedimento possam ser encontrados indícios de uma consciência geracional nascente e propícia à elaboração de futuras práticas pedagógicas voltadas exclusivamente para a infância.

Os tratados de educação da época prescreveram orientações para a formação das civilidades. Nesse sentido, é exemplar a obra de Locke (1632-1704), especialmente alguns pensamentos acerca da Educação (LOCKE, 1693), relativos à formação do homem gentil, cuja centralidade esteve na necessidade de disciplinar corpo e mente no objetivo de educar os instintos e conter os mimos. Vieira (2004) indica que foi nesse longo processo de aprendizagem das civilidades que emergiu um novo adulto,

> [...] consciente de sua função social na dinâmica geracional, como pai de família, como negociante, como administrador, ou como ocupante do poder ou como mãe de família e dona de casa. No século XVIII, a consagração do adulto honrado e civilizado, em distinção aos pobres e rudes, favoreceu também a distinção em relação à criança, pela expectativa social, produzida ao longo desses séculos em relação aos hábitos, aos costumes e aos comportamentos de um adulto civilizado. (VIEIRA, 2004, p. 46)

No interesse de nosso estudo, é importante ressaltar, nesse contexto de mudanças e na produção das distinções de comportamentos entre adultos, pobres e crianças, associado ao desenvolvimento do controle das pulsões para a produção do adulto civilizado, a distinção de comportamento entre os sexos. Vieira (2004) sustenta que, embora constante nos séculos anteriores, no século XIX consolidou-se um padrão de comportamento para as mulheres, com ênfase em um tipo especial de educação da mulher adulta. Isso pode ser comprovado pela ampliação das publicações especializadas nessa área. Na leitura dessa autora, vários acontecimentos concorreram para a produção da delimitação de um novo lugar para a mulher no curso da modernidade. Destaca-se, entre eles, o desenvolvimento da família nuclear, as alterações no equilíbrio de poder entre os sexos, as mudanças ocorridas na divisão do trabalho, as formas de controle da sexualidade e da afetividade entre homens e mulheres e entre adultos e crianças, bem como o desenvolvimento dos saberes, do cuidado com o corpo e com a saúde.

Destaca-se, ainda entre os acontecimentos que concorreram para a instalação desse novo lugar da mulher no contexto da modernidade, o desenvolvimento dos sentimentos de vergonha e pudor, e o apelo à razão. Esses sentimentos estiveram muito presentes em várias obras dos séculos XVIII em diante, nos livros literários, nos tratados filosóficos, de medicina e nos manuais de economia doméstica.

1.4 A condição de ser mãe

Como já vimos, entre as mulheres das classes superiores das sociedades ocidentais em diferentes tempos, a amamentação foi excepcionalmente uma prática materna, colocando-se provavelmente como um elemento diferenciador de distinção de classes sociais. Esse costume somente se estabeleceu como padrão de comportamento maternal no momento em que foi adotado pelas mulheres burguesas a partir de fins do século XIX, à medida que as mulheres do povo, as antigas amas de leite, iam se dirigindo para o mercado de trabalho. Para Vieira (2004), o aleitamento como função essencialmente da mãe biológica, tomado como modelo a partir das classes altas, foi parte de um longo processo de aprendizagem do ser mãe como nova condição do adulto, e a sua defesa por parte de moralistas, educadores e médicos foi feita enfaticamente em toda a modernidade. Vamos encontrar essa defesa no *De pueres* de Erasmo (1460-1536) e em Rousseau (1712-1778).

A partir do século XIX, associada ao desenvolvimento dos saberes médicos, deu-se cada vez mais ênfase à prática do aleitamento pela mãe biológica, seja numa perspectiva de controle das relações de afeto nucleadas na família, seja na perspectiva eugenista, a da não contaminação do bebê pelo leite mercenário, levando-se em conta o controle da saúde pública na maneira como era concebida na época.

Alguns tratados sobre higiene e medicina infantil, publicados ao longo do século XIX no Brasil dessa época, dão mostras de que a ênfase no aleitamento pela mãe biológica esteve, em grande parte, influenciada pela temática étnico-racial. Vieira (2004) destaca em seus estudos a tese de Agostinho José Ferreira Bretãs, de 1836, citado por Moncovo Filho (1926), na sua obra *Histórico da proteção da infância no Brasil* (1500-1922), em que o autor fala do "abuso de entregarem as mães o filho às escravas", em vez de cumprirem o dever sagrado de aleitá-lo. Também a Academia de Medicina da época, por meio de seus doutores, reprovavam em seus tratados o aleitamento feito por escravas inescrupulosas e de hábitos duvidosos, associando essa prática aos altos índices de mortalidade infantil.

Outra preocupação importante dos moralistas, médicos e educadores da época, relacionada à produção dessa "nova mãe", é sobre o controle da afetividade que aparecia nas orientações sobre o tratamento "dos mimos das crianças." Para Vieira (2004), essa preocupação talvez estivesse vinculada a um movimento maior de contenção das emoções, dos afetos e dos desejos, relacionado à indistinção dos sentimentos, seja porque a criança recebesse afetos de diferentes pessoas ao seu redor, seja na maneira como os sentimentos manifestavam-se naquela época, como o jogo sexual, a violência física ou os mimos. O que chama a atenção da autora é o movimento que se institui na modernidade, de distinção dos sentimentos com destaque às atenções voltadas na moderação das atitudes para com a criança, caminhando para a concretização do que ela nomeia de "o amor racionalizado entre pais e filhos".

No século XIX, a circulação de ideias em torno da racionalização de sentimentos entre adultos e crianças aparece em periódicos dedicados especificamente às famílias e às mães de família. Diz Vieira (2004) que:

> [...] é curioso como em muitos deles, o amor racionalizado esteve associado à família nuclear, quase que como uma tradição inventada, as ênfases quase sempre recaem no dever do amor recíproco de pais e filhos como regra de uma família civilizada. (VIEIRA, 2004, p. 54)

É no contexto desse processo histórico de construção do lugar da criança e do adulto, a partir da distinção geracional como regulação cultural, e de um processo civilizatório mais amplo produzido pela sociedade ocidental ao longo das épocas, que acreditamos ter sido tecido o lugar reservado à mulher como "mãe", como cuidadora privilegiada da criança e a "sacralização" (AGAMBEN, 2007) do "amor materno", ou seja, sua elevação ao sagrado, a condição natural e verdade incontestável, que persiste tanto nas sociedades ditas modernas quanto nas atuais.

CAPÍTULO 2

A criança e a mãe em Freud

Ao longo de todo o percurso teórico de Freud, vamos encontrar elementos que nos possibilitam pensar a ideia de que, para a psicanálise, as relações de uma criança com sua mãe, ou com quem dela cuida nos primórdios de sua existência, possuem uma complexidade não alcançada pelas análises sócio-históricas como as que foram realizadas pela maioria dos autores com os quais trabalhamos no primeiro capítulo. Sendo assim, optamos por percorrer alguns trabalhos de Freud na expectativa de extrair deles elementos que possam nos ajudar a compreender as especificidades e as nuanças dessa relação no âmbito da psicanálise, bem como encontrar elementos que possam contribuir em nosso estudo sobre as condições da maternidade em alguns casos de mães psicóticas que acompanhamos.

2.1 Do apaixonamento da criança pela mãe

A primeira referência que encontramos sobre a relação entre a mãe e a criança, e que inaugura em nosso estudo o que consideramos um novo grau de complexidade, é a que se encontra na Carta de número 71 da correspondência de Freud com o médico berlinense Wilhelm Fliess, durante o ano de 1897. Na época, seu suposto saber e um privilegiado interlocutor contribuíram para o que seriam os primeiros esboços da construção da teoria e da clínica psicanalítica. Percebe-se que nessa carta o inventor da psicanálise lança-se numa empreitada que o psicanalista Ernest Jones chamou de tarefa heroica – já tentada, vencida muitas vezes e sem êxito por filósofos e escritores que queriam seguir o conselho do oráculo de Delfos, "Conhece-te a ti mesmo – uma psicanálise de seu próprio inconsciente", (JONES, 1975, p. 323).

Trata-se também da primeira referência explícita de Freud em sua obra sobre a relação do *Édipo Rei* da tragédia grega de Sófocles com o *Complexo de Édipo* inventado por ele, e deste ao *Complexo de Castração*, que se tornará uma noção central em psicanálise, no que diz respeito à universalização da interdição do incesto. O *Complexo de Édipo* na psicanálise diz respeito a um conjunto de representações inconscientes na vida psíquica da criança pelo qual se exprime o desejo sexual ou amoroso pelo genitor do sexo oposto e sua hostilidade para com o genitor do mesmo sexo. Será, também, o lugar onde Freud fará uma discussão sobre o lugar da mulher como mãe e seu lugar na constituição da subjetividade da criança, ainda que de forma concreta e factual, implicando as relações da criança com a mãe e o pai da realidade.

A factualidade dessa relação edípica sustentada por Freud resultará em muitos desdobramentos teóricos que repercutirão na clínica de muitos psicanalistas, particularmente as psicanalistas mulheres. Helen Deustsch, em sua *La Psicologie des Femmes*, de 1944, e Karen Hornery, em *La Psycologie de la Femme*, de 1967, são autoras que se destacaram pelas críticas feitas às consequências que, supostamente, teriam sido extraídas por Freud de sua prática analítica com mulheres e suas elaborações em torno do objeto. Também Melaine Kein, em 1932, em seu livro *A psicanálise com crianças*, na esteira de Freud, inaugura a escuta clínica de crianças muito pequenas, trabalhando para além do factual e introduzindo inovações em torno da questão das relações mãe/criança, ou seja, em torno das relações de objeto na psicanálise.

A visão freudiana da tríade a criança, a mãe e o pai, na vertente factual, só seria definitivamente modificada muito mais tarde, pelo psicanalista e leitor atento de Freud, Jacques Lacan, com quem trabalharemos no terceiro capítulo deste estudo, e que fará inclusive uma crítica elegante aos elementos da teoria de Melaine Klein, em torno da psicanálise com crianças. Lacan elevou um importante termo dessa tríade – notadamente o pai – à condição de metáfora reduzida a um nome, o nome-do-pai, e a mãe à condição de sujeito desejante.

No *Dicionário de Psicanálise* vamos encontrar a afirmativa de que o *Complexo de Édipo* seguirá presente em toda a obra de Freud, que vai de 1887 até 1938, e que nela a figura do Édipo apresentar-se-á quase sempre associada a uma outra, a do personagem shakespeariano Hamlet: "A primeira simbolizando o universal do inconsciente, disfarçada de destino, e a segunda, o nascimento de uma subjetividade culpada em uma época de declínio de uma representação cósmica da existência humana" (ROUDINESCO; PLON, 1997, p. 167).

Na Carta 71 endereçada a Fliess, Freud identificará o que denomina de "um apaixonamento da criança pela mãe e ciúmes pelo pai", como elemento universal do início da infância de todo ser humano, tendo como referência o envolvimento do personagem principal da tragédia de Sófocles. A lenda grega, diz Freud, quando encenada, provoca nos espectadores uma compulsão em que toda pessoa se reconhece, porque sente sua presença dentro de si mesma. Isso porque, a seu ver,

> [...] cada pessoa da plateia foi um dia, em ponto menor ou fantasia, exatamente um Édipo e cada pessoa retrocede horrorizada diante da realização de um sonho, aqui transposto para a realidade, com toda a carga de recalque que separa seu estado infantil do seu estado atual. (FREUD, 1897, p. 358-359)

Diz ainda haver encontrado, em si mesmo e em toda parte, sentimentos amorosos em relação à sua mãe e ciúmes em relação a seu pai que acreditava serem sentimentos comuns a todas as crianças pequenas, fazendo dessa tragédia o ponto nodal de um desejo incestuoso infantil, reconhecível em toda a espécie humana.

Ainda nessa carta, Freud recorre a um exemplo da obra shakespeariana, desta vez o personagem e príncipe dinamarquês Hamlet, para reafirmar os elementos que compõem o *complexo edípico*, ou seja, o apaixonamento da criança pela mãe e a hostilidade contra o pai, com uma indagação: Como explicar a hesitação do personagem Hamlet em vingar o pai assassinado por seu tio? De que modo poderia ele justificar-se melhor do que diante do tormento que ele padece com a obscura lembrança de que ele próprio planejou executar a mesma ação contra seu pai, por causa da paixão por sua mãe (FREUD, 1897, p. 359).

2.2 A relação da criança com sua mãe é sexuada

Tanto quanto para Freud, a sexualidade passa a fazer parte das preocupações da comunidade científica, desde o final do século XIX, como um dos determinantes fundamentais da atividade humana. Freud deu-lhe uma importância central na doutrina da psicanálise, estendendo a noção de sexualidade (até então tida como evidência no campo das ciências biológicas e causa dos sintomas neuróticos), a uma disposição psíquica universal e essência da atividade humana, construindo em torno dela um conjunto conceitual representado pela bissexualidade, pela libido e pela pulsão, tudo isso analisado a partir de experiência clínica.

A questão da sexualidade infantil, propriamente dita, vai surgir nas elaborações teóricas de Freud a partir de 1905, no texto sobre *Três ensaios sobre as teorias sexuais*, ainda que o componente sexual da relação mãe-criança já tenha sido anunciado por ele três anos antes em seu livro *A psicopatologia da vida cotidiana*. Trata-se da introdução de um elemento sexual, um componente da relação primordial da criança com a mãe no contexto edípico. Sua introdução se dá na análise do conteúdo de um sonho de um paciente, que Freud considerou ser um sonho edipiano por excelência, e continente da chave para uma compreensão maior da lenda do Édipo Rei, que a seu ver "só podia ser interpretado no sentido da relação sexual do paciente com sua própria mãe" (FREUD, 1901/1976, p. 219).

Nesse trabalho sobre a *Psicopatologia da vida cotidiana*, Freud cita, a propósito da análise do que chamou de "atos sintomáticos" (FREUD, 1901/1976, p. 260), atos realizados por pessoas saudáveis e neuróticas: o relato de um paciente que sofria de impotência sexual ocasional, originária da intimidade de suas relações com a mãe na infância, e que tinha o hábito de enfeitar folhetos e anotações com a letra inicial do nome dessa mãe. Isso nos leva a concluir com Freud que as primeiras relações da criança com quem dela se ocupa não são sem consequências e afetam o destino sexual do sujeito.

É o que ele vai sustentar em vários momentos de seu trabalho, por exemplo, no texto *Três ensaios sobre a teoria da sexualidade*. No item sobre "As aberrações sexuais" (FREUD, 1905/1976, p. 145n), Freud sustenta a existência de uma natureza bissexual do indivíduo, e fala de uma fixação da criança, muito intensa e curta no caso dos futuros invertidos sexuais, em uma mulher que geralmente é a mãe. Depois de ultrapassada essa fase, esses homens identificam-se com uma mulher e consideram-se eles próprios seu objeto sexual, ou seja, partem de uma base narcísica, ou procuram um rapaz que se pareça com eles próprios e a quem eles possam amar como eram amados por sua mãe.

Uma retomada do termo "narcisismo" será realizada por Freud em *Leonardo da Vinci e uma lembrança de infância* (FREUD, 1910/1976), a propósito de uma fantasia do pintor renascentista de ter sido alimentado no berço por um abutre, símbolo da maternidade na antiguidade clássica. Fantasia que foi interpretada por Freud como o ato de ser amamentado por sua mãe. Freud vai tratar especificamente, e de forma mais elaborada, o tema do narcisismo em 1914, texto que retomaremos mais à frente na medida em que ele pensará a relação do sujeito com o outro, e em termos lacanianos, acrescem-se os elementos da própria constituição do sujeito, o que nos parece ser a chave para que possamos tratar da relação da criança com o outro materno ou quem ocupe para ela o lugar de cuidador.

A ideia de sexualidade extrabiológica que emerge dessa construção teórica foi sustentada por Freud com veemência ao longo de todo o seu ensino, ou seja, sua não redução a um biologicismo anátomo natural, assim como quiseram muitos médicos de sua época. Trata-se de um conjunto conceitual forjado por ele a partir da escuta do sujeito, representado pela pulsão, pela libido de apoio e pela bissexualidade.

Não obstante, essa discussão sobre a relação de caráter sexual do sujeito com o outro, que foi fonte de desconforto e equívocos no campo da psicanálise e fora dele, já aparece no trabalho de Freud sobre os *Três ensaios sobre as teorias sexuais*, no item cinco do capítulo sobre as transformações da puberdade, "O encontro de um objeto" (FREUD, 1905/1976, p. 228-229). Nesse texto ele sustenta a ideia de que na primeira infância os indícios de satisfação sexual ainda estão vinculados à ingestão de alimentos. A pulsão nesse momento é um objeto sexual fora do corpo da criança na forma de seio da mãe. Somente mais tarde é que a pulsão perde esse objeto. Diz ainda que, via de regra, existe um momento em que a pulsão sexual sob o manto do recalque torna-se autoerótica e não é senão, depois de atravessado o período de latência, que a relação original é restaurada. Já na puberdade estabelece-se a primazia das zonas genitais e a busca de um novo objetivo sexual, simultâneo ao processo psíquico de procura de um objeto, para o qual foram feitas preparações desde a primeira infância, e que finalmente se completa.

Freud observa ainda que, mesmo após a atividade sexual ter-se desligado da ingestão de alimentos no período de latência, persiste uma importante parte dessa primeira, a mais significativa de todas as relações sexuais, que auxilia na preparação para a escolha de objeto e, assim, restaura a felicidade que foi perdida pela criança. Trata-se também para ele de um período em que as crianças aprendem a sentir pelas pessoas que as auxiliam em seu desamparo e satisfazem suas necessidades "um amor" que segue o modelo de uma relação do lactante à ama de leite. Freud esboça, assim, o que seria uma primeira ligação da criança a um outro que não é necessariamente a mãe biológica da criança, um outro que se responsabiliza pelo cuidado da criança e que, entrementes, partindo da satisfação de suas necessidades, pode ser também simulacro da escolha do objeto e do amor que essa criança sentirá por outras pessoas.

Nesse ponto das elaborações de Freud, anuncia-se a possibilidade de interlocução com as indagações que estão presentes no estudo que ora nos ocupa: as condições de maternidade na psicose e as possibilidades do exercício dessa função cujo laço com o outro tem, com certeza, algumas especificidades. É possível, então, desde já vislumbrar em Freud tanto a possibilidade de impedimento ou dificuldade do exercício da função materna para algumas mulheres, quanto a discussão sobre a possibilidade do cuidado de seu filho por outrem, de forma contínua, intermitente ou longa, sem prejuízo para a mãe biológica e para a constituição subjetiva da criança. No que tange a construção de uma rede de cuidados em saúde mental e coletiva, torna-se possível pensar a possibilidade de arranjos em rede, de escuta da família e/ou grupo familiar para ver quem está exercendo essa função, a insipiência ou a falta absoluta desse outro.

Dessas elaborações freudianas, podemos apreender também que o amor das crianças por um outro não é um sentimento natural, ele é aprendido e reconhecido pela criança, naquele que o acolhe e ampara nos primórdios de sua existência e que será o protótipo de sua escolha de objetos de amor posteriormente. Na Viena do século XIX, como já vimos no primeiro capítulo deste trabalho, quem respondia pelos cuidados da criança era a ama de leite no lugar da mãe biológica. O próprio Freud no seu percurso de autoanálise, na Carta de número 70 de suas correspondências com Wilhelm Fliess, quando precisamente busca uma etiologia para a neurose, reencontra em um sonho a sua própria ama de leite. E delega a ela a origem primeira de seus problemas.

> [...] uma mulher feia e velha, porém esperta que me contou uma porção de coisas a respeito de Deus todo-poderoso e do inferno. E que me deu uma elevada opinião acerca de minhas próprias capacidades. Se conseguir resolver minha própria histeria serei grato à memória da velha senhora que me proporcionou, em idade tão precoce, os meios de viver e prosseguir vivendo. (FREUD, 1897, p. 353)

Freud, ainda neste item sobre "O encontro de um objeto", na obra *Três ensaios sobre as teorias sexuais*, ao se deter sobre o que de sexual existe na relação da criança com quem dela cuida nos primórdios de sua existência, diz que a relação de uma criança com quem quer que seja responsável por seu cuidado, que tanto pode ser a mãe como pode ser uma ama, proporciona-lhe uma fonte infindável de excitação e satisfação sexual. Nesse texto, Freud demonstra sua preocupação com as repercussões de suas descobertas entre as mães e a opinião científica de sua época, adianta-se nas explicações do que viria a ser a satisfação sexual, e escreve:

> [...] uma mãe provavelmente ficaria horrorizada se lhe fosse dito que todos os seus sinais de afeição estariam despertando os instintos sexuais do filho e preparando-os para a sua intensidade ulterior. E que ainda que esse amor sexual possa parecer um sacrilégio, é especialmente verdadeiro, desde que quem cuida da criança olha-a ela mesma com sentimentos que se originam de sua própria vida sexual, embalando-a, acariciando-a, tratando-a deste modo como um substituto de um objeto sexual completo. E que longe da pureza com que é levado em conta pela cultura, o amor de uma mãe por seu filho ou de quem quer que responda por seus cuidados é um amor sexuado. (FREUD, 1905, p. 230)

Na verdade, além de acentuar o caráter sexual da relação mãe-criança, Freud coloca-se próximo dos conceitos de responsabilidade e de "transmissão de um desejo que não seja anônimo", como estabeleceu o psicanalista Jacques Lacan (1969), em um comunicado à psicanalista de crianças Jenny Aubry. Essa proximidade aparece na medida em que Freud afirma que, no exercício dessa função, a mãe estará, nada mais nada menos, cumprindo com "o dever de ensinar o filho a amar" (FREUD, 1905, p. 230). Então, não é propriamente uma mística do amor materno que está em jogo na psicanálise freudiana, embora as condições de abnegação e oblatividade sejam possíveis na relação mãe-criança. O que vamos encontrar em Freud é uma relação sexuada entre uma criança e um outro que cuida dela. Um laço sexual que se estabelece entre um adulto e uma criança, com função de transmissão de algo que pode possibilitar e inscrever o sujeito no mundo relacional com outros humanos. De uma inscrição primeira e fundante da capacidade da criança de amar um outro, que não seja ela única e exclusivamente, e que esse outro sexuado, que se debruçou sobre ela com cuidados, ajuda a formar sentimentos próprios em sua primeira infância. Enfim, função de hominização, no sentido de tornar a criança um sujeito falante, de transmissão das condições de viver e se relacionar no mundo, para além das insígnias maternas, ainda que condicionadas por elas.

Na verdade, antes mesmo dessas elaborações, Freud, em 1895, em seu projeto para uma psicologia científica, acentua a importância das primeiras relações do pequeno humano com um outro, quando introduz o que chamou de "primeira experiência de satisfação", que, como vimos, é sexual, como aquela que vem determinar a primeira inscrição fundante do aparelho psíquico nos seres humanos. E chamou de desamparo (*Hilflosigkeit*) uma carência inicial do bebê humano, que não lhe deixa outra saída que a da "assistência alheia de uma pessoa experiente", para a sua sobrevivência (FREUD, 1895). Assistência que busca por meio do grito, uma forma de chamamento, de apelo ao outro e de comprovação de sua carência.

Ferreira (1999, p. 37), em seu livro *A escrita da clínica*, recorre a esse mesmo texto de Freud para dizer com ele que "a tensão do organismo do pequeno humano só é atenuada com a intervenção de outrem, frente a sua incapacidade de realizar uma ação específica que não é senão obter o objeto de satisfação de suas necessidades". E, ainda que na intermitência da resposta desse outro experiente a essas necessidades, a do alimento, por exemplo, que emana do seio de carne e leite, ou da mamadeira, a criança é instigada a inscrever-se na linguagem e, com isso, converter as suas necessidades em demanda. O outro experiente é, portanto, um suporte ao desamparo para a criança, um esteio privilegiado da palavra como passaporte para a entrada no mundo dos falantes.

É importante ainda acrescentar a essa discussão sobre o amor materno o que Freud vai dizer sobre o amor dez anos depois do texto sobre "As teorias sexuais", na série de *Conferências introdutórias sobre psicanálise*, no período que vai de 1915 a 1917, particularmente a conferência de número XXI, na qual ele tenta convencer uma plateia de expectadores céticos sobre o caráter sexual das atividades da primeira infância e dos processos referentes ao encontro de um objeto.

Nesse evento, ele fala de amor de uma forma inteiramente isenta da conotação romântica da sua época. E do sexual completamente apartado do senso comum ou da sexologia que surgiu de um equívoco dos psicólogos de sua época e da nossa. Freud diz: "Falamos em amor quando trazemos para o primeiro plano o lado mental das tendências sexuais.

E quando queremos repelir as exigências pulsionais, sensuais ou físicas subjacentes, ou esquecê-las no momento" (FREUD, 1917, p. 385). E assinala que, especialmente nos anos da infância anteriores à puberdade, quando o processo de escolha de objeto atingiu alguma definição, o objeto de amor encontrado vem a ser idêntico ao primeiro objeto da pulsão oral, ou seja, a mãe ou quem a substituiu no cuidado da criança.

2.3 Amor de objeto e processo civilizatório

Ainda no texto sobre os *Três ensaios sobre as teorias da sexualidade*, Freud desenvolve um estudo sobre a barreira do incesto. Nesse item, ele discorre sobre a escolha de objeto dos jovens em amadurecimento, que se dá inicialmente no mundo das ideias e das fantasias e quando as tendências infantis invariavelmente emergem uma vez mais. Acredita que, entre essas tendências, o primeiro lugar é ocupado com frequência uniforme pelos impulsos sexuais da criança em relação aos pais, que, via de regra, já são diferenciados devido à atração pelo sexo oposto – o filho se sente atraído pela mãe, e a filha, pelo pai. Ao mesmo tempo que essas fantasias claramente incestuosas são superadas e repudiadas, completa-se uma das mais significativas e, também, uma das mais dolorosas realizações psíquicas do período puberal, o desligamento da autoridade dos pais. Podemos observar que Freud já pensava a infância e a adolescência como componentes "temporais e civilizatórios", tal como vimos no primeiro capítulo deste estudo, tal como pensou o sociólogo Norbert Elias, leitor de Freud. A infância e a adolescência são para Freud "uma realização psíquica, um processo que, sozinho, torna possível a oposição, tão importante para o progresso da civilização, entre a nova geração e a velha, bem como a substituição dos afetos dirigidos a eles para fora do círculo parental" (FREUD, 1905, p. 232). Ele reafirma também a importância dos primeiros laços amorosos como determinantes da escolha de objeto e como facilitadores da realização de laços sociais pelos seres humanos.

2.4 Sobre o narcisismo e as relações do sujeito com seu objeto

Um trabalho de Freud que pode contribuir claramente na compreensão da ligação da criança com as primeiras figuras de seu cuidado e que inclusive influenciarão em suas escolhas amorosas posteriores, ou seja, em torno da escolha de objeto e do que hoje entendemos se situar em torno das relações do sujeito e seu objeto, foi o estudo denominado, conforme a tradução direta do alemão, *À guisa de introdução ao narcisismo*, produzido em 1913 e publicado em 1914. Esse trabalho é considerado central na evolução conceitual da psicanálise, bem como ponto de partida para inúmeras elaborações pós-freudianas em torno da função materna e da constituição da subjetividade da criança. Coube ao psicólogo francês Alfred Binet a primeira utilização do termo narcisismo, em 1887, para descrever uma forma de fetichismo que consiste em se tomar a própria pessoa como objeto sexual. O termo foi depois utilizado em 1898, pelo psiquiatra inglês Haverlock Ellis, criador do termo "autoerotismo", para designar um comportamento perverso relacionado com o mito de Narciso. Para ele, o narcisismo seria uma perversão na medida em que nessa condição as relações objetais são ignoradas. Em 1899, em um comentário sobre o artigo de Ellis, o criminologista Paul Nacke introduziu o termo em alemão. Contudo, em 1908, o psicanalista Isidor Sadger falou do narcisismo, a propósito do amor próprio, como uma modalidade de escolha de objeto nos homossexuais, distinguindo-se de Havewlock Ellis por considerar o narcisismo não como uma perversão, mas como um estágio normal da evolução psicossexual do ser humano.

Freud, por sua vez, utilizou o termo narcisismo pela primeira vez em novembro de 1909, numa reunião da Sociedade de Psicanálise em Viena. Nessa ocasião, ele declarou que o narcisismo seria uma fase intermediária e necessária entre o autoerotismo e o amor objetal. Entretanto, sua primeira menção pública do termo surgiu em uma nota de rodapé acrescentada em 1910, para a segunda edição dos *Três ensaios sobre a teoria da sexualidade* (1905). O termo é retomado nesse mesmo ano também no seu livro *Leonardo Da Vinci e uma lembrança de sua infância*, em 1910 e no estudo sobre o caso Schreber em 1911.

Para os comentadores da nova tradução de *À guisa de introdução ao narcisismo*, "Trata-se de um dos mais importantes trabalhos de Freud e um ponto de inflexão na evolução de seus conceitos" (HANNS, 2004, p. 95). É quando o termo adquire a realidade de um conceito e passa a ocupar um lugar essencial na teoria do desenvolvimento sexual humano.

Freud observa, na introdução desse texto, que certos aspectos do comportamento narcísico observados na clínica estão presentes em muitas pessoas afetadas por outras perturbações, por exemplo, em homossexuais. E considera que talvez essa libido abranja um campo bem mais vasto do que o das perversões e que se poderia atribuir-lhe um importante papel no desenvolvimento sexual normal do ser humano. Nesse artigo, ele também penetra nos problemas mais profundos das relações entre o Eu e os objetos externos, tentando traçar uma nova distinção entre "libido do Eu" e "libido objetal". No que tange a essa suposição, ele declara:

> [...] a partir de dificuldades constatadas no trabalho psicanalítico com neuróticos, pois parecia que um dos limites que se interpõem à possibilidade de esses pacientes serem influenciados se devia a um comportamento narcísico dessa ordem. Assim o narcisismo não seria uma perversão, mas o complemento libidinal do egoísmo próprio da pulsão de autoconservação, egoísmo que, em certa medida, corretamente pressupomos estar presente em todos os seres vivos. (FREUD, 1914/2004, p. 97)

Para elaborar esse texto, Freud apoiou-se, inicialmente, nos estudos sobre as psicoses e principalmente na contribuição de Karl Abraham que, em um texto escrito em 1908, havia descrito o processo de desinvestimento do objeto e convergência da libido em sujeitos acometidos de demência precoce. Sem utilizar o termo narcisismo, o psiquiatra berlinense diz que "O doente mental dedica a si mesmo, como objeto sexual único, toda a libido que o homem normal volta para o meio vivo e animado" (ROUDINESCO; PLON, 1997, p. 531).

Assim, a observação do delírio de grandeza no psicótico leva Freud a definir o narcisismo como uma atitude resultante de uma transposição para o Eu do sujeito, dos investimentos libidinais antes colocados nos objetos do mundo. Nesse sentido, a libido de objeto em seu desenvolvimento máximo caracterizaria o estado amoroso, ao passo que, inversamente, em sua expansão máxima, a libido do Eu fundamentaria a fantasia do fim do mundo nos paranoicos.

Freud observa que esse movimento de retirada de libido dos objetos do mundo só pode produzir-se em um segundo tempo, sendo este precedido de um investimento dos objetos externos por uma libido proveniente do Eu. Assim, é possível falar de um narcisismo primário e infantil, que a observação das crianças, bem como a dos povos primitivos, ambas caracterizadas por uma crença na magia das palavras e na onipotência do pensamento, viria a confirmar-se. O narcisismo primário seria, portanto, a escolha que a criança faz de si mesma como objeto de amor, numa etapa que antecede a plena capacidade de se voltar para objetos externos.

Ele sustenta que a criança pequena toma seus objetos sexuais a partir de sua experiência de satisfação, a qual, por sua vez, é autoerótica e vivida em conexão com funções vitais, servindo aos propósitos da autopreservação. A seu ver, as pulsões sexuais apoiam-se, a princípio, nos processos de satisfação das pulsões do Eu para se veicularem e, só mais tarde, tornam-se independentes delas. Ele vai chamar essa fonte de escolha de objeto, que pode manifestar-se de forma dominante nos seres humanos de escolha, de "veiculação sustentada", um modo de

> [...] apoiar-se nos processos de satisfação das pulsões de autoconservação para conseguir veicular-se, o que fica evidente quando se observa que as pessoas envolvidas com a alimentação, o cuidado e a proteção da criança se tornam seus primeiros objetos sexuais, portanto, primeiramente a mãe ou seu substituto. (FREUD, 1914/2004, p. 107-108)

2.4.1 Todo amor tem um fundo narcísico, inclusive o parental

Nos estudos sobre a *Psicologia das massas e análise do eu*, escrito em 1921, Freud reafirma a característica narcísica que sustenta a relação entre a mãe e a criança, dando inclusive um novo sentido ou um outro nome para *o amor* em psicanálise. É quando se interroga sobre a característica dos agrupamentos humanos para além da horda, fazendo uma distinção desta com as demais relações humanas. Para ele, o simples agrupamento de humanos não lhes garante a existência de laço relacional. Destarte, admite que em qualquer reunião de pessoas a tendência é a formação de um grupo psicológico e que

> [...] as provas da psicanálise demonstram que quase toda relação emocional íntima entre duas pessoas que perdura por certo tempo – casamento, amizade, as relações entre pais e filhos – contém um sentimento de aversão e hostilidade, o qual só escapa à percepção em consequência do recalque. (FREUD, 1921/1976, p. 128, n. 2)

Entretanto, para Freud, uma relação não é abalada por esses avatares das relações humanas, esta é a relação entre mãe e filho. O amor de uma mãe pelo filho, que se baseia no narcisismo, não é perturbado por uma rivalidade subsequente. Na verdade, ele é reforçado por uma tentativa rudimentar de escolha de objeto sexual por parte da criança, tornando-se ainda simulacro e condição da constituição de laços posteriores.

Também o amor dos pais pela criança, ou admiração parental pelo *his majest the baby*, não escapa à observação de Freud, que descobre nos pais uma manifestação de seu próprio narcisismo primário abandonado. Sobre o amor dos pais, escreve Freud: "[...] o comovente amor parental, no fundo tão infantil, não é outra coisa senão seu narcisismo renascido dos pais, que, ao se transformar em amor objetal, acaba por revelar inequivocamente sua antiga natureza" (FREUD, 1914/2004, p. 110).

O que nos leva a concluir que para Freud tudo o que se pode chamar de "amor", no âmbito das relações humanas, é predominantemente de fundo narcísico, inclusive o amor parental. Tal assertiva não é sem consequência para o que estamos trabalhando em torno das relações entre a criança e o outro que cuida dela nos primórdios de sua existência. Nos casos que vamos trabalhar, será importante escutar, portanto, qual é o estatuto, quais são as formas de laços que se tecem ou não entre a criança, a mãe psicótica, suas potencialidades, sua consistência ou fragilidades.

2.4.2 Uma via em Freud do acesso ao pleno amor: a maternidade

Ainda no texto sobre o narcisismo, Freud introduz o que nomeou ser mais uma via de acesso ao estudo do narcisismo que seria: "A via amorosa dos seres humanos, com toda a diferenciação, tal como ela se apresenta no homem e na mulher" (FREUD, 1914/2004, p. 107). Para ele *o amor objetal pleno*, segundo o que chamou de escolha de objeto por *veiculação sustentada*, embora seja mais característica no homem, pode também ser feita pelas mulheres. Nesse modo de escolha de objeto, diz Freud, está presente uma evidente supervalorização sexual, que provém do narcisismo original da criança e corresponde a uma transferência desse narcisismo para o objeto sexual. É essa supervalorização sexual que permite o surgimento de um estado de apaixonamento provocado pelo empobrecimento da libido do Eu em benefício da libido objetal.

No caso das mulheres, ele sustenta que existe, entre outras, uma via de escolha de objeto também por veiculação sustentada, que conduz ao pleno amor, e pode surgir na geração de uma criança, ou seja, por meio da experiência da maternidade. A mulher que faz essa escolha será chamada por ele de a mulher que nutre (FREUD, 1914/2004, p. 109-110). Na condição indicada por Freud, a criança poderá apresentar-se para a mulher como se fosse parte de seu próprio corpo, na forma de outro objeto e, assim, partindo de seu próprio narcisismo, ela poderá dedicar "todo" o seu amor à criança que gerou.

No caso de algumas mães psicóticas, talvez já possamos nos perguntar que tipo de escolha de objeto estaria em jogo para elas, quando oferecem ou recusam o seu corpo para o aconchego de uma criança. Como os casos sobre os quais nos debruçaremos no capítulo 5 deste trabalho, que emergem das chamadas psicoses pós-puerperais, os de ambivalência na função materna, ou de um apego extremado ao bebê. Nos casos em que se constata que a criança permanece como continuidade ou pedaço indestacável do corpo da mãe, tal como se apresenta na clínica o caso de uma mulher que anda pelas ruas, becos, vielas, lojas, padarias e igrejas, literalmente a *céu aberto de sua realidade psíquica*, pregando a palavra de Deus às mulheres devassas e aos impuros, e levando os filhos pelas mãos como troféus e prova concreta de pureza e da dignidade de seu ser, obtida com seu casamento e, no dizer dos vizinhos e transeuntes, escudos para sua conduta desarrazoada.

CAPÍTULO 3

Em Lacan, a mulher não é a mãe

Eu vi,
também eu vi,
com meus olhos arregalados pela adivinhação maternal
a criança,
traumatizada com a minha partida
a despeito de seu apelo precocemente esboçado na voz,
e daí em diante cada vez mais renovado
por meses e meses
– eu vi,
bastante tempo ainda depois disso
essa criança nos meus braços
– eu a vi,
abandonar a cabeça no meu ombro para cair no sono
no sono unicamente capaz de lhe emprestar acesso
ao significante vivo em que
depois da data do trauma,
eu me tornei
(Jacques Lacan, 1973)

A primeira referência de Jacques Lacan em torno da relação mãe/criança encontra-se em um texto de 1938, recomendado pelo psicólogo Henry Wallon para inclusão na seção sobre "A família" do livro VIII da *Encyclopédie Française* consagrada à vida mental. Chamando-o "Os complexos familiares na formação do indivíduo", desenvolve nele o tema da composição estrutural da família humana, que se daria em três momentos: o de desmame, o da intrusão da fratria e o do Complexo de Édipo.

O sociólogo Markos Zafiropoulos chamou esse período de produção teórica de Lacan que se situa entre 1938 e 1950 de "período durkheimiano", durante o qual, a seu ver, o psicanalista esteve mais próximo da sociologia de Émile Durkheim do que de Sigmund Freud. Zafiropoulos lembra que, nesse período da antropologia crítica de Lacan com Durkheim, anuncia-se "o declínio da família ocidental, a degradação de seu chefe, o pai, até então responsável por sua fecundidade subjetiva no Complexo de Édipo" (ZAFIROPOULOS, 2004, p. 103). Para Zafiropoulos, é justamente essa falta de fecundidade subjetiva que teria permitido a Lacan redescobrir o Complexo de Édipo freudiano sob uma forma degradada, e isolar um ponto real que possibilitou o avanço teórico na clínica da psicanálise.

De acordo com Zafiropoulos, até 1950 encontraremos um Lacan que trabalha o conceito de família como fato concreto e social, como complexo integrado a fatos sociais oriundos da sociologia positivista de Émile Durkheim. A partir de 1953, na transmissão de seus seminários e nos seus Escritos, encontraremos outro Lacan, propondo um retorno à Freud e estabelecendo uma interlocução fecunda com a linguística de Ferdinand de Saussurre e um cruzamento com a antropologia de Claude Lévi-Strauss. Nesse sentido,

> [...] muda radicalmente de galáxia conceitual, no que diz respeito mais precisamente a análise da família, a questão do pai e de uma maneira mais geral as leis constitutivas do inconsciente que ele desloca com Claude Levi-Strauss – o etnólogo da Eficácia Simbólica e das Estruturas Elementares de Parentesco – do registro da família, diríamos da família da realidade, para o registro da fala e da linguagem. (ZAFIROPOULOS, 2004, p. 103)

Num esforço de distinção entre o que chama traços de comportamento instintivo identificáveis aos da família biológica contrapondo-se aos traços das instâncias culturais dominantes, vamos encontrar, nas primeiras páginas do artigo encomendado por Henry Wallon, o que Lacan denomina "instituição familiar humana em sua realidade", referências em torno da função materna como elemento fundamental de transmissão da cultura quando diz que: "[...] é na família humana que se podem observar as fases mais primitivas das funções maternas" (LACAN, 1938/1990, p. 12-13). E quanto aos elementos que tocam a materialidade da língua no contexto dessa transmissão, diz:

> Entre todos os grupos humanos, a família desempenha um papel primordial na transmissão da cultura. Se as tradições espirituais, a manutenção dos ritos e dos costumes, a conservação das técnicas e do patrimônio são com ela disputados por outros grupos sociais, a família prevalece na primeira educação, na repressão das pulsões, na aquisição da língua acertadamente chamada materna. (LACAN, 1938/1990, p. 12-13)

Por outro lado, encontramos lá um elemento que entendemos ser de transição, pois é fundado em uma interlocução com a biologia e com a sociologia das relações sociais de sua época. Os complexos que constituem a família humana como objetos de natureza psíquica são considerados algo mais além do instinto, distanciando-se definitivamente do que geralmente determina o funcionamento dos agrupamentos dos animais na natureza.

Compactua com essa ideia o psicanalista Célio Garcia (2011), em seu livro *Psicologia jurídica* – uma orientação para o real, no capítulo dedicado à clínica das transformações familiares de nosso tempo, ao dizer que o Lacan de 1938 deixa de lado as considerações moralizadoras ou redutoras dirigidas à família humana, tomando-a, por sua vez, como um objeto concreto de análise. E que ao estudar as patologias do sujeito e a relação que ele estabelece com o núcleo familiar, empregou o termo *complexo*, distinguindo-o do termo *instinto*, que asseguraria à família o estatuto de dispositivo natural a ser evitado:

> O complexo seria a matriz de X, que será o sujeito mais tarde, na idade adulta e reproduz uma certa realidade do ambiente a ser encontrada no nível do grupo familiar. A família seria, então, o lugar privilegiado da formação dos complexos, estes sendo os verdadeiros organizadores do desenvolvimento psíquico. O complexo reúne, sob uma forma fixa, um conjunto de reações e reproduz o real do grupo familiar; sua forma representa esse real, e sua atividade repete, no nível do vivido, o real assim fixado. (GARCIA, 2011, p. 76)

Lacan reafirma com Freud a existência do complexo como sendo essencialmente de ordem inconsciente e tendo como elemento fundamental uma entidade de caráter paradoxal, uma representação do outro, designada pelo nome de *Imago*, um conceito misto entre simbólico e imaginário cujo poder se explica pela inversão e pela saturação do complexo de desmame que desenvolverá logo a seguir. No *Dicionário de Psicanálise* vamos encontrar, para esse termo, referências ao romance *Imago*, publicado pelo suíço Carl Spinteles, em 1906, que deu esse nome à personagem de uma mulher imaginária (ROUDINESCO; PLON, 1998, p. 372).

Nos Complexos Familiares vamos encontrar a primeira teoria do imaginário de Lacan. Suas considerações em torno do conceito de complexo, cujo elemento constitutivo é a *imago*, permitem compreender a estrutura de uma instituição familiar localizada entre a dimensão cultural que a determina e os laços imaginários que a organizam. Instalado em três dimensões, esse complexo forma o modelo de uma interpretação do desenvolvimento individual, por meio do complexo de desmame, do de intrusão e do de Édipo.

Essas concepções assim ordenadas, especialmente a concepção de família, revolucionaram a psicologia da época, revelando nela o que Lacan extraiu de Freud, "como o lugar de eleição dos complexos mais estáveis e mais 'típicos'" (LACAN, 1938/1990, p. 21). É aí que ele dá ao conceito de *imago*[5] a característica de uma representação dos primeiros objetos de laço psíquico e material de interesse do pequeno humano, a criança. O que nos inspira a considerar que a própria hominização, a constituição psíquica do sujeito como ser de linguagem, vai se dar a partir de sua relação com esses objetos imagos, ditos primordiais e constitutivos da subjetividade.

Seis anos antes, em 1932, Lacan defendeu sua tese de doutoramento denominada *Da psicose paranóica em suas relações com a personalidade*. Nesse momento, ele "utiliza a forma mais clássica de exposição no contexto de um trabalho científico, seguindo as regras mais elementares de um escrito historiográfico de sua época, no campo da psiquiatria" (ALLOUCH, 2005, p. 35), e já traz uma novidade em termos de método clínico e estilo de transmissão. Parte da escuta de uma paciente cuja psicose desencadeia-se no instante em que ela engravida de seu primeiro filho. Nessa tese, a questão das relações de parentesco, as

[5] O termo *Imago*, derivado do latim, foi introduzido por Carl Gustav Jung, em 1912, para designar uma representação inconsciente por meio da qual um sujeito designa a imagem que tem de seus pais. *Dicionário de Psicanálise*, de ROUDINESCO; PLON, 1997.

questões intrageracionais de transmissão de significantes, as questões da relação da mãe com sua fratria e especificamente as relações entre mãe e filha que serão objeto de nossa atenção neste estudo já estão colocadas.

3.1 O complexo de desmame

O desmame[6] de uma criança é reconhecido na língua portuguesa como o ato de desleitamento, de retirada do seio materno como objeto de nutrição e "deleite" para uma criança. Trata-se para Lacan da "retirada da teta fecunda da mãe ou da ama de leite da boca da criança, que fixa no psiquismo a relação da alimentação sob o modo parasitário que as necessidades dos primeiros meses de vida do homem exigem; ele representa a forma primordial da imago materna" (LACAN, 1938/1999, p. 22).

Assim, o Lacan de 1938 associa a amamentação como ação dessa imago materna à maternidade, que implica, além da gestação, a presença e ação de um outro, reconhecendo, ainda, por meio da relação da criança com essa imago, a existência de certo conhecimento que considera muito precoce na criança, o da presença do outro. Posteriormente, ele vai falar sobre o fundo sobre o qual se exerce o que se desenvolve entre a mãe e a criança, e introduzir o "dom" que advém do "geliebt werden", o ser amado, como "signo de amor advindo da potência materna" (LACAN, 1995/1957, p. 185).

Nesse conhecimento arcaico, é possível reconhecer uma ligação entre a satisfação das necessidades próprias aos primeiros anos de vida da criança e a ambivalência típica das relações mentais que nela se esboçam. As sensações proprioceptivas da sucção e da apreensão constituem a base dessa ambivalência da vivência decorrentes da própria situação: "o ser que absorve é inteiramente absorvido e o complexo arcaico lhe responde no abraço materno" (LACAN, 1938/1990, p. 26).

Em 1936, por ocasião do XIV Congresso Internacional de Psicanálise realizado em Marienbad, Lacan, em uma surpreendente e diferenciada entrada no movimento psicanalítico francês, fala da relação mãe-criança,

[6] Designa o ato de apartar do leite; deleitar. O *Dicionário Aurélio da Língua Portuguesa* traz também um sinônimo para desmame: *Exúbere*, do latim, ex = úbere: desmamado. A palavra uberdade, do latim *ubertate* para a abundância, fartura, fecundidade em solo fértil. E úbere para mama ou teta da vaca ou de outra fêmea de animal.

na conferência sobre *O estádio do espelho*, e em uma segunda comunicação sobre o mesmo tema, em 1949, no XVI Congresso Internacional de Psicanálise em Zurich: *O estádio do espelho como formador da função do "EU"*.

Essas comunicações sustentam a existência de uma identificação primária da criança à sua imagem, que é a marca inicial de todas as outras identificações que se seguem em sua maturação, diríamos humana, em sua constituição subjetiva, reduzida a dois elementos, o corpo da criança e a sua imagem imediata e narcísica nos termos de Freud. Lacan qualifica essa identificação de imaginária, já que a criança identifica-se a um duplo de si mesma, a uma imagem que não é a dela mesma, mas que lhe permite reconhecer-se. Há um outro, um semelhante, que lhe permite reconhecer-se. Essa constatação dá-se quando a criança é posta simultaneamente em presença de seus pares em idade. Ela os agride ou os imita e tenta, desse modo, impor-se numa relação agressiva e homóloga à imagem do corpo diante do espelho. Trata-se de uma relação "dual" e alienante, que se caracteriza pela indistinção, pela confusão de si mesma com o outro, visto que o corpo do outro é tratado como um duplo seu.

Vejamos o que diz o psicanalista Jean-Baptiste Fages com relação à segunda comunicação de Lacan sobre *O estádio do espelho*, já que aí, na relação entre a mãe a criança, introduz-se a questão do falo.

> [...] essa relação para com o espelho (relação especular, em termos lacanianos) e essa relação agressiva para com as outras crianças têm traços comuns com a relação primeira com a mãe. A criança, no começo, não deseja apenas ser tratada, aleitada, cuidada pela mãe. Deseja ser para ela um todo, ou, mais exatamente, seu complemento; deseja tomar o lugar daquilo que falta à sua mãe, o falo. A criança se faz, por assim dizer, o desejo do desejo de sua mãe, o falo. (FAGES, 1977, p. 25)

Lacan dará ao falo um tratamento especificado em toda a extensão de sua obra: indo do falo imaginário, que envolve a relação mãe-criança, ao falo simbólico, com a introdução da metáfora paterna até às formulas da sexuação. O desenvolvimento desse conceito acentua-se no texto "A significação do falo", e também no texto "Por uma questão preliminar a todo tratamento possível da psicose", ambos de 1958. A temática do falo vai aparecer também no Seminário 3, *As psicoses* (1955-1956), no capítulo sobre "O falo e o meteoro". Trata-se, nesse seminário, da versão do falo imaginário e da introdução do pai, na dialética mãe-criança como seu portador por excelência. Assim dirá Lacan: "Dizem-nos que a exigência de uma mãe é a de prover-se com um falo imaginário, e explicam-nos muito bem que sua criança lhe serve de suporte, suficientissimamente real, por esse prolongamento imaginário" (LACAN, 1955-1956/1985, p. 358).

Ainda para Lacan, isso não oferece dificuldade alguma para a criança, pois ela localiza esse falo muito cedo e o concede generosamente à mãe, realizando um par que deveria se conciliar em torno a uma ilusão de falicização recíproca. Mas, na verdade, onde o falo deveria exercer uma função mediadora, o que ocorre é uma situação de conflito entre a mãe e a criança. Isso porque, para Lacan, "o falo perambula, vagabundeia", ele está sempre alhures e tem no pai o seu suposto portador. Será em torno do pai que se vai instaurar o temor da perda do falo na criança, a reivindicação, a privação, o tédio ou a nostalgia do falo na mãe (LACAN, 1955-1956/1985, p. 358).

Será no Seminário 4, transmitido no período de 1956-1957, intitulado *A relação de objeto*, que a temática do falo receberá um amplo e decisivo desenvolvimento, e Lacan introduzirá na relação mãe-criança as expressões "a mãe onipotente" e "a mãe insaciável", que nos interessa cotejar. No Seminário 5, transmitido no período de 1957-1958 e denominado *As formações do inconsciente*, ele fala de uma mãe feroz e da satisfação natural e instintiva da maternidade.

No Seminário 8, *A transferência* (1960-1961), esse lugar de mediação simbólica exercida pela mãe no campo da linguagem é clara. Lacan, considerando a relação mãe-criança, introduz uma distinção entre o falo imaginário – o pequeno phi – e o falo simbólico. O falo imaginário é considerado, tal como ele tratou até aqui, "enquanto interessado concretamente na economia psíquica, no nível do complexo de castração", e o falo simbólico é o "símbolo no lugar onde se produz a falta de significante" (LACAN, 1960-1961/1992, p. 234).

3.2 A mãe onipotente e insaciável

No capítulo 11 do Seminário 4, *A relação de objeto* (LACAN, 1956-1957), denominado "O falo e a mãe insaciável", vamos encontrar novamente esse elemento, o falo, como uma chave para lidar com um acontecimento que é o rompimento com uma pretendida harmonia entre a mãe e a criança. Um elemento que permite afirmar que a mãe nunca está só com sua criança. É o falo, objeto que se interpõe entre um e outro, com valor imaginário na metonímia do desejo da mãe. Trata-se, portanto, de saber:

> [...] como a criança realiza mais ou menos conscientemente que sua mãe onipotente tem falta, fundamentalmente de alguma coisa, e é sempre a questão de saber por que via ela vai lhe dar esse objeto faltoso, e que sempre falta a ela mesma. (LACAN, 1956-1957/1995, p. 196)

Daí Lacan vai extrair uma primeira consequência, no que concerne às inúmeras variáveis que vão se perfilar no âmbito da relação mãe-criança – a existência de crianças falóforas. "O falo, todos sabem que elas podem tê-lo, elas o têm e, além disso, os produzem, elas fazem meninos falóforos" (LACAN, 1956-1957/1995, p. 195). Ali, onde há falta, ali onde a mãe não é toda mãe para a sua criança, ou seja, onde ela não a completa, pode ser fábrica do complemento, na verdade tampão de sua falta que, pelo menos imaginariamente, a realiza.

Outra discussão importante à época dessas elaborações é a que Lacan introduz de novo, do ponto de vista conceitual, no contexto da relação de objeto. Será a formulação da questão do objeto, em termos de falta e de perda, em três modalidades de variáveis relacionadas, que serão: a privação, a frustração e a castração, e que irão influenciar a relação mãe-criança que vai se estabelecer. Esses conceitos serão introduzidos em três ordens hierarquizadas: a do real, a do imaginário e a do simbólico.

> [...] a privação definida como falta real de um objeto simbólico, a frustração como a falta imaginária de um objeto real, (uma reivindicação infindável) e a castração, como a falta *simbólica* de um objeto imaginário (resolução do enigma da diferença sexual). (ROUDINESCO; PLON, 1998, p. 554)

Em seu ensino, Lacan situa a frustração como o centro da relação mãe-criança. Para Tendslarz (2005), essa frustração diz respeito à frustração da mãe como mulher. A mulher não se confunde com a mãe. Pode-se observar na clínica psicanalítica a mãe em sua plenitude fálica, com toda a sua carga de frustração feminina. Mãe e mulher, portanto, não se recobrem. Isso elucida o que já está colocado, desde o Seminário 4 de Lacan: a possibilidade da existência da mãe incompleta com seu falóforo.

No capítulo sobre "O falo e a mãe insaciável", desse seminário, Lacan estabelece uma sequência que se inicia na frustração imaginária de um objeto real, no caso, o seio da mãe, cujo agente é a mãe simbólica, e estabelece nesse ponto uma espécie de torção por meio da qual a mãe simbólica torna-se real. A mãe simbólica que mediatiza a simbolização primordial, por meio do Fort/freudiano, frustra a criança de objetos reais.

É aqui que Lacan introduz também o que chama de dolorosa dialética do objeto (ao mesmo tempo ali e nunca ali), na qual a criança se exercita com o jogo do carretel que Freud bem observou no brincar de seu neto. E que será a base da relação do sujeito com o par presença -ausência da mãe, relação com a presença sobre o fundo de uma ausência, na medida em que esta constitui a presença. Será porque ela pode estar posicionada em outro lugar que não somente o materno que essa ausência poderá se presentificar.

A criança, nesse momento, aniquila na satisfação a insaciedade fundamental dessa relação, inventando, no seu brincar, um modo de lidar com um vazio que se inaugura e que a lançará no universo do "falasser". E mais, pode cobrir a falta da mãe com um objeto simbólico dessa ausência, que, por sua vez, indica que a mãe não é toda, e não está o tempo todo a serviço do que Freud chamou de *sua majestade o bebê*. Essa hiância indica também que algo claudica na expectativa de onipotência pela completude do outro, visto que o desejo da mãe pode estar alhures. Por isso, ambos, mãe e criança, podem escapar, diríamos, de uma falofagia. Também é porque a mãe não responde a essa expectativa de completude que a demanda da criança aparece como potência real, fora do jogo simbólico, cujo objeto perde a sua materialidade, e a resposta da mãe acaba se tornando o que de signo resulta em dom de amor.

Na verdade, a frustração do amor acaba por ser responsável pela polarização da situação. Nesse ponto de suas elaborações, Lacan distingue a frustração do gozo, ligado ao seio materno objeto real, da frustração de amor, cujo objeto é a presença materna. É também nesse ponto que outra operação realiza-se, que é a da privação real do objeto simbólico – o falo, operação comandada pelo pai imaginário anunciado desde o Seminário 3. Isso pode resultar em uma segunda operação simbólica de castração de um objeto imaginário pelo pai real.

3.3 A mãe devoradora

No final do capítulo sobre "O falo e a mãe insaciável", do Seminário 4, Lacan introduz o que considera ser o destino de todos os seres humanos, no caso, "uma mãe insatisfeita em torno de quem se constrói toda a escalada da criança no caminho do narcisismo. É a mãe alguém real, ela está ali, como todos os seres insaciados, ela busca devorar – *quaerens quem devoret*" (LACAN, 1956-1957, p. 199). E o que a própria criança encontrou outrora, para anular sua insaciedade simbólica, vai reencontrar possivelmente diante de si – a boca escancarada de sua progenitora.

Mas é no Seminário 5, *As formações do inconsciente* (1957-1958), no capítulo sobre "O valor de significação do falo", que Lacan introduz e acentua a relação do desejo com o significante falo, e a importância da privação materna. Ao mesmo tempo, avança o que desenvolveu no Seminário 4, sobre a frustração do seio materno para a criança e da mãe como objeto. É também onde a noção de gozo toma corpo e onde a mãe, além de insaciável, torna-se ameaçadora e voraz em sua onipotência sem lei, na medida em que pode ser privada de seu objeto falóforo, pelo representante da função paterna, que entra nessa dialética como operador da castração. A mãe lacaniana, atravessada pela falta, é, nesse momento de seu percurso, uma mulher que almeja mais que o cuidado da criança, a sua devoração.

3.4 A mãe insuficientemente boa

Ainda no Seminário 5, vamos reencontrar uma versão de uma mãe que não é suficientemente boa, tal como seria de se esperar. Além de mais um indicativo de que a mãe, ainda que não se substitua à mulher, sobrepõe-se a ela. Ao encontrar uma mãe que é uma fera, com um viés de insaciável, encontramo-la também em sua posição de mulher em sua lida com a falta, "ainda que nessa tentativa voraz, de cobrir uma falta, de substituição criança/falo subsista um resto de insatisfação" (TENDLARDZ, 2002, p. 148).

Esclarece-se, assim, com esse resto, o que mais tarde será sistematizado por Lacan como objeto pequeno "a"[7], uma articulação do que se circunscreverá nas suas elaborações futuras, precisamente na década de 70, ao campo do real e do gozo. Ele sustenta, à época de seus escritos sobre as *Diretrizes para um congresso sobre a sexualidade feminina*, em 1960, a impotência da mediação fálica em drenar tudo que pode se manifestar de pulsão na mulher. Há um resto de insatisfação nessa mediação fálica. A construção em Lacan, para além de Freud, das modalidades ou das saídas para o misterioso feminino vão além da maternidade. Esse trabalho de Lacan sobre a mulher e o feminino, realizado a partir dos Seminários 4 e 5 sobre "A relação de objeto" e "As formações do inconsciente", respectivamente, só será concluído em 1975, no Seminário 20, *Mais, ainda*, em que ele irá elaborar e apresentar as fórmulas da sexuação. Os casos clínicos com os quais vamos trabalhar neste estudo serão importantes interlocutores dessa linha de pensamento que se estende ao longo de seu ensino.

3.5 A falofagia fantasística dos psicanalistas

No Seminário 5, Lacan estabelece uma interlocução com Ernest Jones e outros psicanalistas ingleses, principalmente mulheres, entre elas, Melaine Klein, a quem ele critica ao mesmo tempo que reverencia. Seriam eles participantes de um movimento que, a seu ver, deu ênfase à relação primordial da criança com a mãe, esquivando-se da dialética fálica, condição "da introdução do sujeito homem ou mulher, em sua existência pura e simples e em sua posição sexual" (LACAN, Seminário 1957-1958/1999, p. 285).

A interlocução com Melaine Klein, uma das pioneiras da clínica com crianças de tenra idade, é um exemplo desse investimento teórico dos psicanalistas ingleses que Lacan critica, desde o Seminário 2, *Os escritos técnicos* de Freud, de 1953-1954. No segundo capítulo desse seminário, ele trabalha exaustivamente sobre um dos casos da psicanalista, o de um menino autista, e sustenta que Melaine Klein estabeleceu para a relação mãe-criança uma dialética especular e fantasiosa, que torna o

[7] Conceito que Lacan introduz em 1964, no Seminário "Os quatro conceitos fundamentais da psicanálise". Por não ser redutível à imaginarização, esse objeto impõe um limite à simbolização, correspondendo a um resto de gozo que transita pelo circuito pulsional do sujeito.

corpo materno um habitat projetivo das pulsões da criança. Sendo que essas mesmas pulsões seriam motivadas pela agressão recorrente de uma decepção fundamental. Retomando essa interlocução com Melaine Klein no Seminário 5, Lacan conclui que, ao final das contas, "nada nessa dialética pode tirar-nos de um mecanismo de projeção ilusória, de uma constituição do mundo a partir de uma autogênese de fantasias primordiais" (LACAN, 1957-1958/1999, p. 284).

A seu ver, toda essa dialética que põe ênfase na relação interpessoal entre a mãe e a criança elide a dialética posterior e até mesmo a dialética edipiana postulada por Freud. Mais do que as experiências – como a de frustração – que ocorrem com os sujeitos, estão em jogo um mais ou um menos de real que tenha sido dado ou não ao sujeito. Na verdade o que interessa a Lacan diz respeito àquilo que o sujeito criança almejou e identificou como sendo o desejo da mãe, que pode estar em algum outro lugar e que a impede de responder, como mãe, a tudo que da criança se anuncia como demanda.

Lacan diz que o mundo das fantasias primordiais constitutivas de Melaine Klein, que desemboca numa relação de espelho entre a mãe e a criança, deixa para a mãe um lugar de habitat, de tudo o que se pode localizar por projeção das pulsões da criança. E o que vai arrancar mãe e criança dessa relação mortífera e estabelecer outra dialética é um terceiro elemento, o *falo*, que ficou esquecido pelos psicanalistas de crianças de sua época, e com ele a introdução de uma dimensão simbólica como elemento que está no centro da problemática mãe-criança e homem-mulher. Daí o dizer de Lacan quanto ao que resultou na prática dos psicanalistas kleinianos para aquilo que não tinha mediação: "enfiar o simbólico nas crianças" (LACAN, 1953-1954/1975, p. 93). E o que ele chama de aporias kleinianas (LACAN, 1957-1958, p. 284): "este é o pipi do papai... este é o buraco da mamãe", etc. Prática fecunda por um lado, mas insuficiente por outro, na medida em que promove um esvaziamento da dialética primordial do desejo tal como Freud a descobriu. Tal dialética comporta: "uma relação terceira, a qual faz intervir, para além da mãe, ou mesmo através dela, a presença do personagem desejado ou rival, mas sempre terceiro, o pai" (LACAN, 1957-1958, p. 283-284). A dialética tem o falo como significante fundamental pelo qual o desejo do sujeito tem que se fazer reconhecer como tal, e permite a introdução do sujeito em sua existência e em sua posição sexual.

Já com Ernest Jones, a interlocução de Lacan é longa e sobre ela não vamos nos estender. Apenas destacar, para os fins que nos interessa, o momento da crítica de Lacan em relação ao pensamento geral de Jones sobre a mulher como mãe, e da entrada correta de um terceiro que é o homem entre ela e seu filho. Para Jones, trata-se de uma entrada que vai se dar de forma a subsumi-la ao homem e à criança. Para Jones, *the woman is born*, ou seja, nascida para desejar, realizar e dar prazer ao homem e à criança. Acreditamos com Lacan que, para Jones, na esteira fantasística de Melaine Klein, a mãe tem um destino oblativo ou sacrificial, muito próximo das padecidas no paraíso. Mãe que tem sucesso ao trazer para a criança muitas coisas de que ela necessita, mas que, ao se colocar no lugar de quem vai suprir a criança de suas necessidades mais primitivas, "se esquece de que já no nível dessa experiência primitiva é que se faz a entrada em cena do falo na dialética mãe-criança e que esse sujeito que ela nutre é de fato um ser desejante" (LACAN, 1957-1958, p. 293).

Na Conferência sobre a Sexualidade Feminina preparada dois anos antes de sua realização no Colóquio Internacional de Psicanálise em Amsterdam, Lacan (1960) dá continuidade às suas considerações críticas à psicanálise teórica e em exercício de sua época, que a seu ver: não causa surpresas nos seus sessenta anos de desenvolvimento, quanto ao fato de sustentar sobre a repressão do pai o complexo de castração, bem como sua tendência de caminhar progressivamente para as frustrações provenientes da mãe (LACAN, 1985/1960, p. 704). Interroga, nesse sentido, a noção apregoada de carência afetiva, que une sem mediação os defeitos da maternidade às perturbações do desenvolvimento da criança que são ligadas na verdade, à dialética de fantasias do corpo materno.

Ainda que visualize na experiência da psicanálise dessa época certa promoção conceitual da sexualidade feminina, Lacan não deixa dúvidas quanto ao fato de que essa versão da relação mãe-criança corrobora com uma "Falofagia fantástica" (LACAN, 1985/1960, p. 708) dos psicanalistas, que se traduz na elevação de certos elementos concretos do corpo material, como "seio bom", em M. Klein, e aqui acrescentaríamos o "clitóris", em E. Jones, à condição de símbolos fálicos da mulher.

Os psicanalistas são convidados por Lacan a abrirem mão, diríamos, desses ensaios masturbatórios e a se voltarem para as questões de estrutura e ao enfoque de Freud em torno ao conceito de falo. Convidados a um retorno à análise das relações de privação ou de carência do "ser e do ter" que esse híbrido simboliza e que engendra toda frustração particular ou global da relação entre o desejo e a demanda, de onde podem precipitar finalmente novos objetos, um deles "a criança por vir" (LACAN, 1960/1985, p. 709).

Assim, Lacan, além de recuperar a metáfora sexual em jogo no campo da sexualidade da mulher, que havia sido esquecida pelas teorias do desenvolvimento, introduz a pergunta sobre algo que escapa à mediação fálica no que diz respeito à sexualidade feminina. Acreditamos, assim, que Lacan tenha lançado nova luz sobre a pergunta de Freud – "O que é uma mulher?" – e também sobre a relação da mulher com a maternidade, particularmente da mulher psicótica, nosso objetivo neste estudo.

É importante enfatizar que, em todo esse percurso que retomamos em Lacan, que vai de 1932 a 1960, pode-se depreender que o lugar do materno será tomado todo o tempo como o lugar de uma mediação simbólica, ou seja, lugar de um Outro primordial, que fornece ou não os significantes para a criança. Ou seja, no que tange à questão da mulher como mãe, nada há em Lacan que se refira a uma natureza instintiva da maternidade. Como observou Silvia Elena Tendlardz, em seu livro *Las mujeres y sus goces*:

> [...] não encontraremos em todo o percurso de Lacan, como não encontramos na obra de Freud, nenhuma natureza realmente instintiva da maternidade e que, em cada uma das situações aqui citadas, ele situa a mãe em relação a uma mediação simbólica no campo da linguagem. (TENDLARDZ, 2002, p. 147)

Localizamos, ainda em suas elaborações posteriores, os desdobramentos que ocorrem em torno à pergunta sobre esse algo que escapa da mediação fálica na mulher e sobre a sua condição de "não toda" implicada na castração que ele estabelece, a partir de 1970, com as fórmulas quânticas da sexuação para ambos os sexos. O que não será sem consequências para tudo o que diz respeito ao universo feminino, inclusive à maternidade. Voltaremos a essa questão, mais detidamente, ainda neste capítulo.

3.6 Mãe substituível e transmissão subjetiva

A psicanalista Colette Soler, em seu livro *O que Lacan dizia sobre as mulheres*, publicado em 2003, retoma as elaborações de Lacan sobre o pai, sujeito de quem é possível prescindir, mas na condição de dele se servir como significante do nome-do-pai. Quanto à mãe, diz a psicanalista, "[...] parece que é possível dela prescindirmos, ou querermos fazê-lo, ou até devermos fazê-lo, o que já indica a dissimetria, mas sob a condição de que primeiro dela tenhamo-nos servido pelo menos para a produção de um corpo" (SOLER, 2006, p. 87). Sendo isso, portanto, o mínimo que se espera no âmbito do que chamamos lugar do materno na constituição do sujeito.

Afirma a psicanalista que ocorreu a Lacan, nesse momento de suas elaborações, designar as mulheres pelo termo de "poedeiras". E que, afora o toque um tanto quanto infame dessa redução etimológica, que assevera o fato consumado de que as mulheres vão parir sempre pela mesma via, deixa claro que a mãe como genitora não é um semblante. Ao passo que a disjunção entre a função reprodutora real e a função de semblante, simbólica, encontra-se invertida do lado do pai, o qual, como nome, esse sim é um semblante, mas não um genitor. O que a psicanalista quer dizer na verdade é que o lugar materno é substituível, tal como vimos nas antigas práticas das amas, incluindo a ama de Freud.

A psicanalista lembra ainda, no capítulo em que ela trabalha a mãe no inconsciente, que não faltaram tentativas históricas de substituir as mães na fantasia ou na realidade. O filósofo Rousseau nos traz um exemplo dessa tentativa de educação de seu *Èmile*, em que a preocupação de afastar a mãe para sempre é tão premente, que o filósofo torna isso condição *sine qua non* para educar uma criança. As tentativas de práticas educativas não maternais, com ideologias muito opostas, foram comuns ao longo do século XIX e meados do século XX. Como as inspiradas em Alexander Sutherlland Neill, na Inglaterra. Nem a macaca de ferro de Pavlov foi prova suficiente da adequação dessas propostas.

No entanto, no mundo atual, constatam-se transformações nos vínculos sociais, em que a mãe, ou seu substituto, por exemplo, torna-se, em número cada vez maior de casos, o parceiro preponderante ou exclusivo da criança, ou, pelo menos, o único estável. Daí o surgimento de uma configuração familiar nova e, podemos dizer, de uma estrutura familiar que vem se tornando muito comum que é a de uma mãe com seu filho ou filhos, acrescida, vez por outra, de um homem ocasional, como é o caso de algumas de nossas pacientes na clínica, ou uma série de homens que se sucedem – ao qual se dá o nome de "companheiro da mãe". Como consequência dessas configurações múltiplas e variadas que dão mobilidade aos laços sociais contemporâneos, "o cara-a-cara da criança com a mãe" (SOLER, 2006, p. 88) terá novo peso na história e certamente trará consequências subjetivas para ambos.

No capítulo sobre "Mujeres y Niños" do livro de Stendlarz (2005), a autora oferece-nos suporte precioso para as nossas indagações sobre a maternidade e seus avatares. É quando ela retoma em Lacan o exame clínico da dupla mãe em Hans, em Leonardo da Vinci e em André Gide, no Seminário 4, *A relação de objeto*. O que a psicanalista recupera em Lacan é a problemática acerca do que transmite uma mulher por meio de sua modalidade de ser mãe. A mãe do dever, a de Gide, toda mãe, toda amor sem relação com a falta e o desejo, confronta a criança a um desdobramento de uma figura da mãe (a do amor e a do desejo – sua tia) que se subjetiviza em sua estrutura perversa. Já a mãe de Hans, figura devoradora que toma o filho como fetiche, desdobra-se com a mãe do pai que supre a deficiência paterna. A fobia de Hans lida com a falta simbólica até que emerge uma elaboração fantasmática que possa alojar a sua angústia.

Já no Seminário 5, Lacan, utilizando-se dos mesmos casos, ocupa-se da mãe do futuro obsessivo. Mas aqui já intervém o quarto termo, o pai, e o que se joga nesse contexto é a articulação entre o pai e a mãe, como homem e como mulher. O excessivo amor de um homem por sua mulher, afirma Lacan, pode conduzir a uma posição de destrutividade do desejo por parte da mulher. O resultado encontra-se na anulação do desejo da criança obsessiva e em sua participação ativa nessa destrutividade. O que foi para essa criança sua mãe, com suas distintas modalidades de amar o filho? – pergunta-se Lacan em relação à Gide. *Um filho-falo*. Em Hans ele encontra o menino-fetiche de sua mãe, que acha na fobia uma forma de produzir a mediação que falta. O que nos interessa destacar é que em cada um desses casos a psicanalista lê, em Lacan, que

> [...] a posição da mulher com relação a sua falta determina o seu modo de amar e sua transmissão da castração. Assim, a conjuntura dramática, na que se inclui a maternidade em cada mulher, as particularidades de sua história, intervém em sua transmissão da falta e em sua incidência na subjetividade da criança. (TENDLARDZ, 2002, p. 149)

É assim que podemos aferir da escuta de Lacan em cada um desses casos algo da transmissão de uma subjetividade, que se viabiliza a partir da posição da mulher em relação a sua própria falta e que será de grande valia na escuta dos casos que serão tratados no quinto capítulo deste estudo.

3.7 O enigmático desejo da mãe e a função da metáfora paterna

Na primeira versão da metáfora paterna apresentada por Lacan, no seu Seminário 5, o pai substitui a mãe na medida em que ambos são tomados como significantes. O resultado dessa substituição é a atribuição ao *falo*, como significado enigmático das idas e vindas da mãe pela criança. Introduz-se, assim de entrada, uma distância entre o objeto de desejo, o falo e a criança, que a levará a se colocar no lugar desse objeto, ou seja, a uma identificação com o falo. A mãe, por seu turno, como mulher, guarda um desejo que excede o laço com seu filho, fato que retorna na subjetividade da criança como um enigma do desejo do Outro.

A mãe opera de forma diferenciada nos três tempos do Complexo de Édipo. No primeiro tempo, ela opera como uma lei incontrolada e onipotente, que, por sua vez, mediatiza a simbolização primordial, e a criança identifica-se com o objeto de seu desejo. Entretanto, esse desejo, com o qual a criança se identifica como objeto, guarda uma ambiguidade, pois: “se por um lado está fora da lei do pai, por outro está sob a égide da castração da mãe que antecede a sua maternidade” (TENDLARZ, 2005, p. 150).

No segundo tempo do Édipo, ocorre que o pai comparece para privar a mãe de seu objeto, instaurando-se, assim, a proibição do incesto dirigida à criança, impedindo a mãe de reintegrá-la como objeto de sua devoração. Vale dizer, com a psicanalista, que não basta a existência de uma subjetividade prévia da mãe, é necessário que ela ainda consinta e subjetivize a privação de seu objeto de amor pelo pai simbólico, precisamente, o pai como metáfora. No terceiro tempo do Édipo, o pai deve sustentar sua promessa fálica como via de assunção da posição sexuada da criança. Isso restaura o falo como objeto desejado pela mãe e não só um objeto que o pai quer privatizar. Assim, encontramos no Seminário 5:

> O pai é, no Outro, o significante que representa a existência do lugar na cadeia significante como lei. O pai acha-se numa posição metafórica na medida em que é unicamente na medida em que a mãe faz dele aquele que sanciona, por sua presença, a existência como tal, do lugar da lei. (LACAN, 1957-1958/1999, p. 202)

O pai, como significante do Outro como lugar da lei, sem o qual pode o sujeito criança atrapalhar-se na neurose ou sucumbir na psicose.

Uma nova versão da metáfora paterna vai ser introduzida por Lacan ainda em 1958, no texto "De uma questão preliminar a todo tratamento possível da psicose". Nessa nova versão, a mãe continua funcionando num primeiro momento com seu desejo sem lei, mas esse desejo vem agora articulado ao valor que ela dá à palavra do pai, enquanto significante presente no seu discurso, nos moldes de sua autoridade, enfim, ao significante do nome-do-pai na promoção da lei. Entretanto, a metáfora paterna não recobre totalmente o que existe de desconhecido para a criança. Essa insuficiência simbólica da metáfora paterna deixa um resto que fica fora da simbolização. O resto do processo de substituição do enigmático desejo da mãe pela função simbólica do pai implica a existência desse algo, que permanecerá fora do processo simbólico, impossível de ser nomeado, e para o qual Lacan, em 1960, vai dar o nome de *objeto "a"*, objeto que resta da operação de simbolização deixado pela metáfora paterna. A partir da década de 70, Lacan articulará ao real e ao objeto "a" o conceito de gozo, que incidirá de forma singular sobre a sexualidade feminina.

3.8 A maternidade e o Édipo feminino

A propósito do desfecho do Complexo de Édipo, ainda no Seminário 5, Lacan sustenta que a mulher não tem que fazer a identificação que o homem tem que fazer e nem se colocar na guarnição do título de sua virilidade, tal como sublinha Freud em seu artigo sobre o declínio do Édipo. Vimos que Tendlardz (2005) assinala que Jacques Alain Miller, em uma leitura do Seminário 5 de Lacan,[8] encontra no terceiro tempo do Édipo feminino o surgimento da mulher, totalmente distinta

[8] MILLER, J. A. *Leitura do Seminário 5 de Jacques Lacan*. Buenos Aires: Paidós, 2000. p. 61.

da mãe. No que diz respeito às condições da maternidade, esta estará circunscrita à privação da mãe, na medida em que essa privação implica a subjetivação da castração mais do que a identificação sexuada que se situa no segundo tempo do Édipo. Já no terceiro tempo do Édipo, para além da mãe, Lacan situa o surgimento da "verdadeira mulher, aquela que se dirige a um homem em sua particular posição feminina" (TENDLARDZ, 2005, p. 150).

A partir da segunda metade do Seminário 5, o falo perde seu estatuto de significado e passa a ter um valor simbólico de significante do desejo. Nessa mudança, Lacan estabelece a dialética "do *ser* e do *ter* o falo", no tratamento das relações entre os sexos. "Homens e mulheres, ao se confrontarem com a falta em ser o falo desejado da mãe, encontram sua solução no atravessamento pelos três tempos do Édipo" (TENDLARDZ, 2005, p. 151).

A introdução dessa dialética fálica, nesse momento das elaborações teóricas de Lacan, traz a marca de seu interesse em compreender as peripécias da vida amorosa na mulher e no homem, que não será suficiente para responder à pergunta sobre a incidência da posição feminina na maternidade. Questões que só se descolarão dessa dialética, com a elaboração apresentada em 1964 do *objeto "a"*, como vimos, e com as fórmulas da sexuação em 1973.

A ideia, ainda que não formalizada, de que algo escapa a essa lógica fálica, precisamente a existência de um "gozo" fora do domínio fálico nas mulheres, foi introduzida por Lacan no texto "Sobre as ideias diretivas para um congresso sobre a sexualidade feminina", em 1960;

> [...] convém perguntar se a mediação fálica drena tudo o que pode manifestar-se de pulsão na mulher e principalmente toda a corrente do instinto materno. Porque não estabelecer aqui que o fato de que tudo o que é analisável seja sexual não implica que tudo que é sexual seja analisável. (LACAN, 1960/1985, p. 709)

Desde então, algo escapa à mediação fálica na mulher, algo que nos fará perseverar com novas elaborações sobre a mulher e o feminino. Há o inconsciente real, para além do simbólico, ou um gozo feminino que não é todo regulado pelo falo. O que tem a ver com as características do Édipo na menina, na medida em que persiste o laço com a mãe, aponta uma fragilidade no que se refere à castração, circunstância que condiciona para a mulher um suplemento de gozo, que vai ser explicitado por Lacan, anos mais tarde, e que dirige a pergunta da mulher sobre o seu desejo, na relação com esse gozo desmedido, que ultrapassa o sujeito não identificado como gozo fálico. Nesse sentido,

> [...] pode a mulher tanto consentir com seu fantasma em ocupar o lugar do *objeto a* para um homem, para produzir seu desejo, quanto como mãe, localizar esse objeto em seus filhos, ou seja, tomar a criança como objeto causa de seu desejo. (TENDLARDZ, 2005, p. 152)

Na medida em que o fantasma da mãe como sujeito antecede logicamente a posição da criança na estrutura, abre-se a possibilidade de uma clínica que concerne à relação das mulheres não com o falo, mas como mães que tomam a criança como objeto e causa do desejo. Assim, a criança poderá encontrar-se em diferentes posições na relação com o outro, enquanto *objeto "a"* para a mãe, situando-se na neurose ou na psicose, como indicou Lacan no Seminário 10, *A angústia*, na aula de 23 de janeiro de 1963:

> [...] mediatizada pelo objeto transacional, fonte de equivalências, ficar exposta a todas as capturas fantasmáticas maternas pela falta da mediação paterna, ou se tornar um objeto real como o da mãe do esquizofrênico durante a gestação. (LACAN, 1963 *apud* TENDLARDZ, 2005, p. 152)

Pode-se considerá-la, ainda, como objeto condensador de gozo que realiza a presença do *objeto "a"* no fantasma materno tal como foi colocado por Lacan em sua "Nota sobre a criança", escrito em 1969. Nessa condição de objeto real, a criança sutura a falta da mãe como mulher, ocupando o lugar de complemento do seu ser.

3.9 Maternidade como suplência à mulher que não existe?

Com o estabelecimento das fórmulas lógicas da sexuação nos anos 70, Lacan reabre o caminho para novas considerações sobre a maternidade que poderá ser pensada a partir do aforismo "não existe relação sexual". Nesse mesmo contexto de elaboração que indica a impossibilidade da existência de uma relação natural entre os sexos, emerge outro aforismo solidário ao primeiro: "A mulher não existe", o que indicaria a impossibilidade de construção de um universal feminino. Por outro lado, existe uma relação particular das mulheres com um gozo para além do falo, em que se pode considerar, além de outros, o gozo do materno. No capítulo sobre o gozo, do Seminário 20, *Mais, ainda*, encontramos referências sobre as relações da mulher com seu gozo na maternidade: "Para esse gozo que ela é, não toda, quer dizer, que a faz em algum lugar ausente de si mesma, ausente enquanto sujeito, ela reencontrará, como tampão, esse que será seu filho" (LACAN, 1972-1973/1985, p. 49).

Entretanto, esse lugar do materno, essa versão da maternidade como suplência não obstrui outras versões do feminino e nem impede a mulher de encontrar um significante de seu desejo no campo do Outro, que não seja única e exclusivamente o seu filho, tampão de sua falta a ser, sob pena de comprometer a subjetividade de ambos. "O objeto criança não deve ser todo para o sujeito mãe, que do lugar do materno deve encontrar o significante de seu desejo no corpo do homem para situar a criança frente a castração" (TENDSLARDZ, 2002, p. 54).

O que podemos concluir desse percurso é que a maternidade coloca-se como uma versão da feminilidade, como suplência, e não obtura o ser mulher, desde que seu desejo possa estar em outro lugar, em uma direção tal que possa assegurar que o recobrimento mulher e mãe não se produzam. Assim, a mulher não é a mãe nos termos de uma justa posição sexual. A mulher e a mãe podem se entrecruzar, deixando aberto o espaço cujos limites se propagam até o que resta ainda de enigmático, de sua sexualidade feminina.

As fórmulas quânticas da sexuação, estabelecidas por Lacan no Seminário 20, demonstram, também, a impossibilidade de construção do universal das mulheres. Isso indica que a mulher só pode ser pensada uma a uma. No que concerne à maternidade, algumas mulheres corroboram a nossa hipótese: a maternidade como uma das saídas do feminino só poderá ser pensada a partir de como, uma a uma, cada mulher nela se situa, seja ela neurótica ou psicótica.

3.10 A "mãe" na clínica

Retomando o texto, da psicanalista Colette Soler, "A mãe no inconsciente" como interlocutor para o que estamos chamando de gozo materno e suas vicissitudes, particularmente na psicose, vamos encontrar o que ela chama de angústia e recriminações feitas à mãe nos ditos dos analisantes. É certo, diz a autora, que há sempre um discurso prévio sobre a mãe, fazendo dela "o objeto vital por excelência, um polo das primeiras efervescências sensuais, a figura que cativa a nostalgia essencial do ser falante, o próprio símbolo de amor" (SOLER, 2005, p. 90).

No entanto, sejam quais forem as variações individuais, nas associações livres do sujeito em análise, no singular do discurso do sujeito, a mãe comparece muitas vezes como acusada. O lugar da mãe no inconsciente pode inclusive culminar com a devastação:

> Imperiosa por um lado, possessiva e obscena por outro, ou, ao contrário, indiferente, fria e mortífera, presente demais, ou ausente demais, atenta demais ou distraída, quer cubra de mimos, quer se mostre negligente, quer prive, quer se preocupe, por suas recusas, por suas dádivas, ela é, para o sujeito, uma imagem de suas primeiras angústias, um enigma insondável, lugar de uma ameaça obscura. (SOLER, 2004, p. 91)

É necessário então mais do que um recenseamento empírico para que se construa a estrutura que encerre esse polimorfismo e que, na verdade, diz respeito à queixa infantil. Isso é o que podemos conferir no discurso do analisante às voltas com esse objeto mãe na fantasia. Na verdade, entre o que uma mãe fala às voltas com a divisão do seu "falasser",[9] e um filho que fala da mãe, ambos na clínica, há uma distância que não se pode negligenciar.

Assim, o caminho que somos convidados a trilhar é o de apreender, em cada caso, por que caminhos passam as fantasias para ir da mãe ao filho, e vice-versa. Isso porque o que essas fantasias suscitam, com certeza, os modos de lidar com a falta, as formas de obturá-la, enfim, o discurso do inconsciente é o que vai, em última instância, poder indicar algo da subjetividade daquele que fala. No capítulo sobre a fantasia para além do princípio do prazer do Seminário 5, em que Lacan discute com

[9] *Falasser*: expressão inventada por Lacan para o sujeito do inconsciente que se expressa em tempos de falência das narrativas fantasísticas, fora da cena recalcada do inconsciente freudiano. Para um sujeito que goza onde não faz sentido. Sujeito falante.

Freud sobre que dor de existir escapa à natureza do ser vivo e insiste em reaparecer na repetição, ele fala da fantasia de espancamento:

> A fantasia em que o sujeito figura como criança espancada torna-se na relação com o Outro por quem se trata de ser amado, enquanto ele mesmo não é reconhecido como tal. Essa fantasia situa-se, então, em algum lugar da dimensão simbólica entre o pai e a mãe, entre os quais, aliás, ela efetivamente oscila. (LACAN, 1957-1958/1999, p. 250)

O que podemos encontrar desses avatares da maternidade, da transmissão da falta e do feminino no discurso das mulheres psicóticas é o que iremos trabalhar a partir dos casos clínicos neste estudo. No caminho percorrido até aqui, reafirmamos que, para cada mulher/mãe, seja ela psicótica ou não, existe um lugar para uma criança. E que esse lugar que ela lhe reserva tem a função de responder por algo incomensurável de sua realidade psíquica.

CAPÍTULO 4

Sobre a psicose

[...] O louco não é em absoluto o homem que perdeu a razão; o louco é aquele que perdeu tudo, menos a razão [...]

(Jacques Lacan, 1932)

Ainda que com pouco otimismo em relação ao tratamento psicanalítico, com certeza mais pelos limites de seu campo epistêmico do que interesse pela clínica, muito iremos encontrar em Freud de elaboração teórica sobre a psicose. Já em 1894, ele escreve um artigo de valor inestimável para a teoria e para a clínica e que chamou de "As neuropsicoses de defesa". Nesse artigo, Freud identifica na psicose uma modalidade de defesa muito mais energética e exitosa, uma rejeição (*Verwerfung*) pelo eu de uma representação insuportável junto ao afeto. Nos "Artigos sobre Metapsicologia" de 1914, mesmo ano em que publicou "À guisa de introdução ao narcisismo", ele trata da economia da libido que, na psicose, é liberada dos objetos, retirando-se para o eu do sujeito.

No trabalho de Freud sobre o Eu e o Id (1923), ele propõe uma diferenciação do aparelho psíquico, considerando as instâncias do ego, id e superego, descrevendo o que chama de os numerosos relacionamentos entre elas. Será a partir dessas elaborações que ele apresentará o eu em suas relações com as demais instâncias psíquicas e introduzirá a hipótese relativa ao que pode diferenciar a neurose de uma psicose.

Ainda em 1923, ele escreve o artigo "Neurose e psicose", e sustenta que as neuroses originam-se do recuo do eu em aceitar ou ajudar uma carga pulsional poderosa a encontrar um canal de escoamento, ou de o eu proibir àquele *quantum* de pulsão o acesso ao objeto "a" a que visa. O material recalcado luta contra esse destino e cria para si próprio, ao longo de caminhos sobre os quais o eu não tem poder, uma representação substituta e conciliatória – *o sintoma*. No caso da psicose, as dificuldades do eu dar-se-ão em sua relação com o mundo externo, e o produto desse conflito dar-se-á por uma via autocrática, ou seja, pela criação de uma nova realidade. Na verdade, uma tentativa de cura ou, como ele reafirma no texto "A perda da realidade na neurose e na psicose", escrito em 1924, uma reconstrução da realidade.

Portanto, no momento em que o eu na neurose recalca uma representação pulsional, *Verneinung*, ele se envolve com o recurso do sintoma – representação substituta no âmago de um conflito com o id. Na psicose, o que ocorre é a *Verwergung*, uma recusa dessa representação pulsional, em que o sujeito se arranja com o recurso da invenção/construção no lugar do sintoma na neurose. O que Freud anuncia como tentativa de cura na psicose será uma das modalidades pivô de todo o edifício teórico que Lacan construirá da psicose, fazendo avançar para além da contribuição freudiana as condições efetivas de seu tratamento.

Bem antes, em 1910, Freud realizará uma rigorosa construção teórica em que dará ao psicótico o estatuto de sujeito, não o do sujeito dividido, da fala, da enunciação que se encontra na neurose, mas o do sujeito do enunciado, legado que Lacan acolhe e faz valer em toda a extensão de seu ensino e obra. Em 1911 publica o resultado dessa construção teórica que chamará de *Notas psicanalíticas sobre um relato autobiográfico de um caso de paranoia*, feita a partir da leitura das Memórias do Dr. Daniel Paul Schreber, publicada em 1903, peça jurídica produzida por esse eminente magistrado alemão, para obtenção de alta do asilo de Sonnenstein e retorno às suas atividades na Corte de Apelação da Saxônia – recurso do qual se serviu com sucesso inclusive para sua estabilização, considerado por Freud como elemento de seu autotratamento e, portanto, tentativa de cura na psicose. Assim, Freud "muda radicalmente a concepção de delírio como a psiquiatria o previa, ao revelar seu papel no processo autocurativo do paranoico, rompendo com as concepções deficitárias organicistas e inaugurando a via de uma racionalidade psíquica das psicoses" (BORDERÍAS, 2016, p. 93).

Lacan, por sua vez, introduz a discussão sobre o tema em seu Seminário 3, *As psicoses*, proferido entre 1955 e 1956, dentro do contexto considerado como sendo o de sua primeira clínica sobre a psicose, a partir de um estudo de um caso de *"paranoia de autopunição"* – *O caso Aimée*, que retomou de sua tese de doutoramento em psiquiatria defendida em 1932. Desde essa época, ele convida os leitores à aplicação de um método teórico mais rigoroso de trabalho, baseado na busca de uma descrição mais concreta e exploração da história de vida e história da doença do sujeito. E a busca da estrutura e significação dos sintomas de maneira exaustiva, que leve a uma concepção mais satisfatória dos fatos da psicose. Nesse sentido, ele associa as elaborações de Freud a propósito do caso Schreber, às noções que ele construiu no decorrer de seu ensino, tratando dos problemas que a psicose suscita, incluindo os problemas de seu tratamento.

Nos termos de Lacan, o que distingue fundamentalmente a psicose da neurose, em que o inconsciente se recobre nos invólucros do sintoma, é o fato de que nela "o inconsciente está à superfície", "à flor da terra" (LACAN, 1955-1956/1995, p. 20). Essa distinção inicial entre neurose e psicose é feita por Lacan para sustentar que o inconsciente é estruturado como uma linguagem e dá início à discussão de seu mecanismo principal já estabelecido como vimos e apresentado por Freud em 1894, a *Verwerfung*, recuperando a análise do termo no campo jurídico que coincide com o termo *foraclusion* em francês e traduzido como *foraclusão* na língua portuguesa. Um índice de algo que está na linguagem, mas que, diferentemente da *Verneinung*, na neurose fica fora da simbolização.

> O que cai sob o golpe do recalque retorna, pois o recalque e o retorno são apenas o direito e o avesso de uma mesma coisa. O recalcado, ele está sempre aí, e ele se exprime na maneira perfeitamente articulada nos sintomas e numa multidão de outros fenômenos. Em compensação, o que cai sob o golpe da foraclusão tem uma sorte completamente diferente. (LACAN, 1955-1956/1995, p. 21)

Sucede, então, para Lacan que "tudo que é recusado na ordem simbólica, no sentido da *Verwerfung*, retorna no real" (LACAN, 1955-1956, p. 21). Ainda que nesse momento o conceito de real (real da realidade psíquica) não seja o que ele estabelece anos mais tarde no ensino, que traz a noção de real como um "resto" impossível de transmissão, trata-se da indicação de algo que para o sujeito psicótico retorna, não de dentro, mas de fora do simbólico. E que, se não é gozo que o delicia imaginariamente, muitas vezes o assombra e o fere.

Lacan (1957-58) discorre e avança sobre o tema no texto "De uma questão preliminar a todo tratamento da psicose", e afirma a unidade da relação com o significante, tanto na neurose quanto na psicose, bem como a diferença radical que separa uma da outra. Na neurose a estrutura linguageira do falasser, o sintoma, aparece como decifração, e na psicose essa estrutura aparece como fenômeno. Vimos, assim, a psicose incluída definitivamente no campo da fala e da linguagem e anunciada como exterioridade no campo discursivo. E é nesse campo que vai ocorrer o acidente da foraclusão. A partir de uma falha, de uma ausência no nível do Outro, de um significante, o nome-do-pai e seus efeitos de metaforização.

> É um acidente desse registro e o que nele se cumpre, a saber, a foraclusão do nome-do-pai no lugar do Outro e no fracasso da metáfora paterna, onde designamos o efeito que dá à psicose sua condição essencial, com a estrutura que a separa da neurose. (LACAN, 1957-1958/1985, p. 556)

A questão do nome-do-pai identificada à figura da lei foi introduzida por Lacan em 1953, em um informe em congresso celebrado no Instituto de Psicologia da Universidade de Roma, e a sua relação com a psicose receberá contornos inéditos ao longo de seu percurso. No Seminário 3, o que se depreende de suas elaborações é sua distinção radical com o campo das neuroses. Sua presença metaforizada na primeira, *Bejahung*, ou sua ausência, *foraclusão*, na segunda.

Na neurose, o significante do nome-do-pai aparece como um ponto de junção, "point de capiton", que se substitui ao significante do desejo da mãe em relação com a sua criança, produzindo a significação fálica do sujeito. Elemento de sustentação da cadeia significante, que traz um primeiro "não" com o qual o sujeito deve se haver em sua história. Um "não" que advém de dois elementos irredutíveis que são os cuidados de outrem, no caso o materno, e um desejo de um pai, que não é o do pai da realidade, e sim um significante do desejo de um homem que faz de uma mulher a causa de seu desejo. Esse "não", seja o que for que o sujeito faça com ele, obedeça-lhe ou faça escárnio, designa para um sujeito um impedimento: "não poderás dispor de tudo e a qualquer preço", impedimento forjador privilegiado de um lugar consentido na comunidade dos humanos e de um desejo que não seja anônimo.

Para uma maior compreensão do princípio da foraclusão do nome-do-pai, desse período do ensino de Lacan, há que se admitir que esse nome redobra-se no lugar do significante do ternário simbólico enquanto lei. É preciso, portanto, que "Um" pai compareça nesse lugar onde é chamado. Basta para isso, diz Lacan, "que esse Um-pai se situe em uma posição terceira em alguma relação que tenha por base o par imaginário a-a', ou seja, eu-objeto ou ideal realidade, interessando ao sujeito no campo de agressão erotizado que induz" (LACAN, 1985/1957-1958, p. 559).

Nessa parelha a-a', que compreende a mãe e a criança ou quem dela se ocupa, o que verdadeiramente importa é o lugar que a mãe dá menos ao pai da realidade e mais ao pai que advém no seu discurso, nos termos de sua autoridade, ou seja, o lugar que ela reserva para si própria na promoção da lei, na posição de significante dessa lei, para um filho donatário.

Na psicose, no lugar do advento desse significante, o do nome-do -pai, nada é dito. Nesse lugar, onde o nome-do-pai é convocado, responde o silêncio mortífero do significante que o representaria para outro significante. Como diz Solal Rabinovitch, em seu livro sobre A Foraclusão,

> Nenhum dito-inter-dito de gozar da mãe – fundamental, ausentado da pré-história do sujeito, poderá ser afetado pelas negações que dão acesso ao saber veiculado pelo dito. Nunca negativado na psicose, esse saber de gozo não pode assujeitar o sujeito; livre e solto, errante, ele não o enganará. (RABINOVICTH, 2001, p. 47)

Portanto, é nesse contexto, o da ausência de um significante privilegiado, o nome-do-pai como significante da lei, que Lacan dá ênfase à transcrição do complexo edípico freudiano, em termos de metáfora paterna, ou seja, na operação que substitui a dimensão do desejo (materno) pela dimensão da lei (paterna). De forma a introduzir uma nova significação no mundo simbólico no qual os fenômenos de linguagem, ou gozo do Outro, na psicose venham se assentar.

O psicanalista Alfredo Zenoni, em seu texto "Versões do pai na psicanálise lacaniana" (2008), reforça a ideia dessa versão metafórica de pai, já assinalada por Freud e retomada por Lacan, no que ela contém de promoção do laço paterno fundado na fé e na lei no lugar do laço materno, este fundado numa "carnalidade manifesta" (ZENONI, 2007, p. 15) na relação entre a mãe e a criança.

Uma disjunção entre o pai que porta a lei e regula o gozo da mãe e da criança, e um pai que intervém como pai real, desta vez na relação com uma mulher, vai surgir no Seminário 4, *A relação de objeto* (1956-57), e no Seminário 5, *As formações do inconsciente* (1957-58). O que seria, então, uma nova versão do pai em Lacan pode ser apreendido da diferenciação progressiva do pai de suas coordenadas simbólicas para outro pai tocado pelo campo do real, que passa a desempenhar uma função de nó, aderente de muitos substantivos, inclusive o próprio pai.

No deslocamento operado por Lacan, desse significante na cena psíquica, encontra-se a chave da clínica das diversas configurações concretas em que a relação com o significante pai pode agora revelar-se tanto carente quanto foracluída. No lugar onde havia um significante, garantidor do conjunto de significantes e fundante de certa organização psíquica para o sujeito, coloca-se a noção de uma fundação contingente, esta "encarnada na diversidade dos significantes mestres, relativos, históricos" (ZENONI, 2007, p. 24).

Na verdade, o entendimento de Zenoni para essa mudança de estatuto do nome-do-pai em Lacan dá-se à medida que a função de autodemonstração do Outro, que esse nome deveria garantir, evidencia-se como impossível. Nesse sentido, esse significante perde tanto sua consistência quanto sua unicidade e passa a cumprir a função de semblante, podendo assim absorver uma multiplicidade de termos, a mais variada possível, na série das contingências da vida de um sujeito. No lugar do nome-do-pai, deposto do lugar de lei universal e de exceção, uma oferta de significantes passa a ser nomeada por Lacan no plural de nomes, os nomes-do-pai, ou, se quisermos, o pai dos nomes, representantes vivos referidos a uma multiplicidade de exceções a essa lei. Como diz Zenoni, "os nomes-do-pai serão tantos quantos forem os suportes à sua função" (ZENONI, 2007, p. 16).

Certamente não se trata de um movimento aleatório, na medida em que podemos identificar, em todo o percurso de Lacan, como assinalamos no início deste estudo, com o sociólogo Markos Zafiropoulos, reportando-se ao primeiro movimento de Lacan para fora da metapsicologia freudiana, em seu texto sobre "Os complexos familiares", precisamente onde, com Durkheim, atesta o declínio da família ocidental e a degradação de seu chefe, o pai, insuficiente em sua fecundidade subjetiva no Complexo de Édipo freudiano.

Outro estudioso de Lacan, o filósofo e psicanalista Gilson Iannini, vê, no movimento de Lacan, em interlocução com a filosofia, a linguística, a literatura e a arte de sua época, uma tentativa de desvencilhar-se dos cânones científicos estabelecidos. Na verdade, todo um esforço teórico para afastar a psicanálise da metalinguagem, ou seja, de uma teoria semântica da verdade, no interesse do sujeito em sua singularidade e "da dignidade ontológica da contingência". (IANINI,2012, pg.24).Se não existe Outro do Outro, o pai universal ou a verdade da verdade, cabe à psicanálise lançar mão de instrumentos teóricos, de outro tipo de formalização lógica que possa fazê-la aproximar-se de seu objeto, o inconsciente, ainda que fugidio, e que não se adequa a qualquer tipo de formalização que não seja seja fundada na escuta do sujeito em "*ato poiésis*". É assim, inclusive, que acreditamos poder ter se desenvolvido o que Iannini (2012) chamou de "estilo Lacan", que se arvorou na escuta desses sujeitos desde 1932. "Sujeitos fora do discurso" e fez avançar passo a passo tanto a teoria quanto a clínica das psicoses. "Profanação lacaniana", diríamos como o filósofo Georgio Agamben (2007), em nome do avanço da psicanálise e do próprio conhecimento científico.

Assim, podemos considerar que a Lacan interessa desvencilhar a psicanálise tanto dos enrijecimentos de que padecem os cânones científicos e o familiarismo das psicologias, quanto da família naturalizada pela doxa, quando o pai deixa definitivamente de ser abordado sobre o prisma da realidade concreta, que o lugar do parentesco lhe confere. Tomado inicialmente sob o ângulo metafórico, ou de um pai tomado em sua universalidade de significante da lei de exceção, um novo pai é encontrado na particularidade do desejo de um homem por uma mulher, e ainda outro, um pai pluralizado em seus nomes como resposta ao "real do gozo" – ou os nomes do gozo que podem ser perfilados e escutados na clínica dos "falasseres". Trata-se, portanto, e desde então, do "gozo do pai", ou dos "nomes do gozo", e de como um neurótico ou psicótico irá se haver com isso na versão particularizada de sua *performance* discursiva. Para reafirmar a consistência dessas contribuições de Lacan sobre "o pai", podemos nos servir ainda dos termos apresentados pela psicanalista Solal Rabinovitch (2000), para o que na psicanálise vai ser nomeado de retornos do real, para um sujeito tomado em sua singularidade na neurose ou na psicose:

> [...] sejam eles mecanismos metapsicológicos freudianos ou estratégias do sujeito no sentido lacaniano, o recalcamento, o desmentido e a foraclusão alteram, cada um a seu modo, o saber inconsciente;

> cada um a seu modo afasta, desfigura, censura, transforma este elemento do saber inconsciente do sujeito. (RABINOVITCH, 2000, p. 47)

Isso para dizer que, no campo da fala e da linguagem, do Lacan da década de 50/60, ou no campo do gozo, que não exclui a linguagem do Lacan de 1970, fragmentos de saber postos em suspensão ou disfarce retornam como estratégias do sujeito, como sintoma no caso do recalcamento na neurose, como fetiche no desmentido das perversões e como delírio, alucinação ou outros elementos discursivos representantes de exceção a essa lei, os nomes-do-pai na psicose.

A psicanalista diz ainda que, foracluído, "o saber nunca será reconhecido pelo sujeito como seu. Sua perda, que arrasta consigo as palavras para dizê-la, impõe um achado alhures e a invenção delirante" (RABINOVICHI, 2001, p. 65). Entretanto, se por um lado temos a foraclusão do nome-do-pai que pode acarretar para o sujeito uma perda maciça que negativiza o funcionamento inteiro da linguagem, por outro esse "furo no real" pode encaminhar o sujeito no sentido de busca intensa – trabalho na psicose – de preenchimento dessa perda que acaba por constituí-lo como um sujeito em sua singularidade. É certo que algo funciona diferente nas psicoses. "O psicótico delira e parece inventar histórias com ou sem sentido, porém sem substrato verídico, alucina imagens e sensações irreais, desconfia, deprime-se com virulência, chegando ao risco de ato suicida, parecendo operar uma lógica difícil de apreender" (GUERRA, 2011, p. 8).

Sabemos, também, que muitas vezes ele prescinde da presença do analista e até mesmo de um tratamento clínico, e cria formas próprias de lidar com seu sofrimento, por meio da escrita, da poesia, da pintura, da obra, enfim. Michel Foucault, ao se debruçar sobre as obras de grandes escritores e poetas, já se surpreendia com o fato de que uma obra que vem de um sujeito às voltas com sua loucura, e antes desclassificado pela sociedade, "pode funcionar de uma maneira absolutamente positiva no interior de uma cultura" (FOUCAULT, 2016, p. 59). Outras vezes, busca a ajuda do analista e necessita de intervenções que possam barrar o que de uma crise se apresenta iminente, para conter-lhes os riscos de passagens ao ato, ou um sofrimento insuportável.

Tal como Freud descobriu na sua clínica com as histéricas – o método de escuta do inconsciente por meio da associação livre –, Lacan recomenda-nos dar a palavra ao psicótico como única via possível de encontrar o caminho de tratamento do gozo que o invade e o angustia, considerando as formas e estratégias inventadas por ele mesmo, para amenizar seu sofrimento.

Freud chegou a contraindicar o tratamento psicanalítico da psicose, diante das dificuldades encontradas por ele na sua clínica, particularmente no que diz respeito às especificidades da transferência. Ainda assim, considerou que uma mudança no método psicanalítico poderia tornar viável esse laço com o analista e, consequentemente, o seu tratamento. Seguindo a sugestão de Freud, Lacan tomou para si essa tarefa, partindo de avanços e impasses de Freud, para tornar possível o tratamento dos psicóticos. Convocou os psicanalistas a não recuarem diante da psicose, a partilharem e contribuírem com suas elaborações. Convidou-os a escutar os psicóticos e a construir com eles uma saída, uma "solução subjetiva", e, ao mesmo tempo, fazer avançar a psicanálise nesse campo. Ou seja, trabalhar no sentido da inclusão dos psicóticos que são foracluídos do simbólico, exilados do inconsciente, "presos do lado de fora" (RABINOVICTH, 2001, p. 7), enfim, dos que estão fora do laço social, condição que pode lhes dificultar a existência e a convivência com o resto dos homens. Dar-lhes a palavra e escutá-los, a partir dos instrumentos que a investigação psicanalítica oferece-nos, é o que nos propomos na condução dos casos de mulheres psicóticas e mães que se seguirão neste trabalho.

CAPÍTULO 5

Psicose e maternidade

Há que experimentar o prazer para só bem suportar a dor.
Vim ao mundo molhado pelo desenlace
a dor do parto é também de quem nasce.
Todo parto decreta um pesaroso abandono.
nascer é afastar-se – em lágrimas – do paraíso,
é condenar-se à liberdade.
(Bartolomeu Campos de Queiroz, 2011)

O fato de as mulheres estarem sujeitas à psicose a partir da foraclusão do significante do nome-do-pai não as impede de ascenderem à maternidade. Cada qual, homem ou mulher, pode ser surpreendido por essa contingência de serem pais ou mães, desde que possuam o aparelhamento biológico que lhes facultem essa condição. O que nos interessa interrogar neste estudo sobre a maternidade e a psicose é como cada mulher, uma a uma, pôde ou não se haver com isso a partir do que lhe coube absorver da contingência da foraclusão, do nome-do-pai, em seu destino de mulher e mãe, ou seja, extrair da escuta dos casos na clínica as maneiras como puderam algumas mulheres, e a partir dessa condição, haverem-se com a maternidade.

Vimos, com Colete Soler no capítulo 3 deste estudo, o que ela elabora com relação à dispensabilidade do pai da realidade, para reencontrá-lo no discurso da mãe, na condição de servir-se dele. O pai então pode ser dispensado, não precisa ser endeusado, ficar-se submetido a ele, mas é preciso de alguma forma dele se servir. Da mãe, também é possível prescindir, sua dispensabilidade é até mesmo desejável e necessária, mas na condição de também nos servirmos dela. Portanto, pelo simples fato de as mulheres portarem, no nível do corpo biológico, um aparelho de gestação, as condições da maternidade estão dadas para todas elas, ainda que disso possam prescindir; mas a sua indispensabilidade coloca-se fundamentalmente na função simbólica de um Outro primordial, de pelo menos produzir um corpo.

Vimos, ainda no capítulo 3 deste estudo, algumas pistas dadas por Lacan, e seguidas por psicanalistas de nossa atualidade sobre a mulher, a maternidade e o feminino, que podem nos auxiliar na compreensão do que podem vir a ser as vicissitudes da maternidade na psicose. Quando ele diz, por exemplo, que o fato de a mulher "Não estar toda submetida à castração" – o que serve tanto para as mulheres neuróticas quanto para as psicóticas que estão fora dessa lógica –, não inviabiliza para nenhuma delas a existência do que ele chama de corrente do instinto materno. E quando coloca as mulheres em sua condição de implicadas na natureza da procriação, na condição de "poedeiras". Também quando ele se refere aos humanos que "por mais seres falantes que sejam, não se atrapalham em suas coiterações" (SOLER, 2001, *op. cit.*, p. 16). Sendo assim, ainda que as mulheres sejam psicóticas, não são avessas a se reproduzirem pelas vias da citada natureza e nem de se colocarem frente a essa questão como sujeitos.

A pergunta sobre o que podemos encontrar das vicissitudes da maternidade no discurso das mulheres psicóticas é a que vamos sustentar na escuta dos casos clínicos que se seguirão. O que nos interessa investigar nessa interlocução com o campo psicanalítico, levado ao limite de nossas possibilidades, é o que se passa com uma mulher que se vê na condição de mãe na psicose. Bem como o que se passa em torno de uma relação mãe/criança nessa condição, e que serviço pode prestar uma criança na composição subjetiva ou organização psíquica de uma mulher e mãe psicótica. Ou ainda, como uma mulher psicótica desse lugar, o materno, pode se servir de uma criança, ou seja, o que vem a ser um filho para ela.

Sustentamos até aqui que para cada mulher/mãe, seja ela psicótica ou não, existe um lugar ao menos biológico, ao menos de "bolsa canguru", lembrada ou esquecida, para uma criança ao mais, o de objeto de desejo. Esse lugar que ela lhe reserva tem a função de responder por algo incomensurável de sua realidade psíquica.

Que a teoria e a clínica da psicanálise se inicia com as mulheres é um dado que encontramos desde Freud, com Ana O. Dora e Elizabeth Von R. até Lacan, que buscou em uma mulher – A Aimée de Lacan – como a chama Allouch (2005), a primeira fonte de seus construtos teóricos. Da clínica da neurose à clínica da psicose, os princípios, tanto teóricos quanto éticos da psicanálise, fundam-se nas questões colocadas inicialmente pelas mulheres.

A despeito de termos destacado no capítulo 2 deste estudo elementos que colocam a mulher como mãe ou quem cuida de uma criança no lugar de um simulacro do que vem a ser a possibilidade de constituição do sujeito na psicanálise, e do lugar materno como uma via de acesso ao pleno amor e uma saída para o sujeito feminino, sabemos que o encontro de Freud com a questão da mulher nunca foi sem dificuldades. Apurado com a questão da feminilidade, Freud mantém com ela uma relação de mistério e de obscuridade, chegando mesmo a colocar a questão como algo impossível no campo do conhecimento psicanalítico, legando seu desvelamento ao campo da poesia e ao progresso da ciência. No que ele não errou de todo, visto que o campo poético e literário é vasto na insistência da pergunta sobre o que é e o que quer uma mulher.

Freud entra em contato com a questão da mulher e do feminino, a partir da subversão de suas pacientes vienenses, que insistem em falar num momento em que o silêncio e a submissão são sua única condição, tal como constatamos no primeiro capítulo deste estudo. Mulheres belas e destituídas de poder social, que rodopiam em busca do olhar e do reconhecimento masculino nos bailes dos palacetes barrocos do final do século XIX, ou se refugiam em suntuosas mansões, impedidas que são da circulação nas vias públicas desacompanhadas dos homens. Entretanto, a mulher vai aparecer em outro lugar, na clínica de Freud, como diz Tomaz (2001):

> [...] entra em cena a figura da histérica, a grande simuladora, capaz de desafiar o saber instituído da medicina de toda uma época. Com uma anatomia imaginária, uma vez que o que está em questão é o corpo erógeno, as histéricas oitocentistas montam o cenário onde teatralizam a impossibilidade de entrar em contato com os próprios desejos. (TOMAZ, 2001, p. 18)

E foi nessa clínica, bastante numerosa com mulheres, que Freud vislumbrou a trilha da formulação do conceito de inconsciente. Mulheres que traziam as mais diversas faces de seu sofrimento, as paralisias faciais e a dos membros inferiores, a inibição da sexualidade e outros sintomas identificados até então como dissimulação e trapaças do feminino, incorporados aos traços de negatividade moral e de malevolência que marcaram o ser da mulher daquela época.

O que a psicanálise deve para as formulações sobre o inconsciente e outros desdobramentos teóricos, ao indizível do continente negro feminino, em termos de seu desenvolvimento e evolução, parte de uma pergunta de Freud em uma confidência feita à amiga, a princesa Marie Bonaparte: O que quer uma mulher? Anna O., Freulein Katharina, Rosalie H., Miss Lucy R., Elizabeth Von R. estarão entre as primeiras mulheres a frequentar a Rua Bergasse 19, em Viena. Cecíle M. foi por ele tratada em domicílio. Ilda Bauer, que Freud chamou de Dora em um exaustivo trabalho teórico, que mereceu dele retificações posteriores em torno da questão da sexualidade, interrompeu seu tratamento abruptamente, deixando Freud perplexo e às voltas com o inexprimível do desejo feminino. Emmy Von N., a paciente que exigiu o silêncio do analista para o que se inaugura como campo da fala e da linguagem, distanciou Freud de seus mestres Josef Breuer e Jean Martin Charcot, e definitivamente da clínica médica.

Ainda que possamos encontrar na clínica de Freud vários momentos que atestam esse encontro delicado com a mulher, suas elaborações teóricas sobre as relações entre os sexos têm valor inestimável para o avanço teórico e clínico da psicanálise. Quando rompe com uma relação natural entre os sexos, introduzindo a questão do primado do falo e a definição das pulsões como parciais, por exemplo, Freud acaba por criar alguns impasses com relação à sexualidade da mulher, ao mesmo tempo que promove avanços, no campo que com elas inaugura. Também quando constatou a diferença no que diz respeito à castração no menino e na menina, e as possíveis consequências dessa particularidade, na posição frente ao que é da ordem de uma posição sexuada para ambos.

Na menina, Freud constata que algo no âmbito da castração não se completa, sem com isso deixar de manifestar a sua impotência quanto à compreensão de outros destinos para a mulher, além da possibilidade de um superinvestimento narcísico, uma realização pela via amorosa e pela maternidade.

As respostas de Freud à especificidade do feminino não foram além dos deslizamentos de sua equação simbólica, colocadas na reivindicação ao falo, inclusive criança-falo, na substituição da mãe pelo pai e do pai pelo parceiro sexual, como consentimento em ser um objeto causa de desejo de um homem, como via de inscrição na norma fálica.

Lacan, por sua vez, como vimos no capítulo 3 deste estudo, parte exatamente dessa brecha deixada por Freud, dos limites da castração na menina, para extrair o que vai ser a base de suas elaborações sobre a questão do feminino. A partir das elaborações de Freud, em torno da castração na menina que não se completa, encontra na mulher um "gozo outro" que não passa pela castração. Um outro gozo, o gozo feminino não redutível ao gozo fálico, o gozo além do falo, um gozo a mais não subtraído à castração, que inclusive faculta às mulheres um *quantum* de loucura.

Jacques Alan Miller (2003), no texto "Uma partilha sexual", vai explorar o que encontrou em Lacan referente a uma dificuldade estrutural inerente a essa lógica do não todo, no que diz respeito à partilha dos sexos. Uma dificuldade que vai ser chamada por Lacan de *devastação*, já identificada por Freud como *catástrofe*, passível de ocorrência particularmente no âmbito da relação entre mãe e filha.

Na medida em que uma mulher ama de sua posição de não toda submetida à castração, a dialética amorosa com seu filho fica mediatizada por sua posição além do falo. Assim, dessa posição de não toda, a mulher veicula, em uma das expressões do feminino, no caso a maternidade, algo que Lacan vai chamar de um gozo suplementar.

Inclui-se, no âmbito dessa possibilidade de expressão do feminino com seu gozo, uma ambiguidade que faz com que esse *plus* de gozo que a mulher porta como mãe possa ir do melhor ao pior. Isso porque o estrago, que pode ocorrer na relação da mãe com sua filha pode se situar tanto do lado do ódio, como pelo lado do amor. Freud já havia abordado essa questão em termos do *ódio da mãe*, com "a ambiguidade que comporta o genitivo, ou seja, desde a mãe e da mãe ao filho, fonte de perseguição na menina" (TENDLARDZ, 2005, p. 153), como o que ocorreu com uma jovem paranoica na relação com sua mãe, que Freud relata em 1915. E nomeia de: "Um caso de paranoia que contraria a teoria psicanalítica da doença".

No âmbito das indagações de Freud sobre o que é próprio do feminino, esse caso que inclusive contraria a teoria psicanalítica merece nossa particular atenção. Ele encontra, no contexto da castração da menina, a possibilidade de uma aderência na relação da menina com sua mãe num momento anterior ao Édipo. No que se refere à relação mãe e filha, ele descobre que a jovem em questão está sob o domínio absoluto do Outro materno, no interior do qual aparece a imagem materna originária, uma dama de cabelos brancos. É onde ele diz:

> [...] constitui tarefa da filha emancipar-se dessa influência e resolver por si mesma, num terreno amplo e racional, qual deverá ser sua parcela de fruição ou negação do prazer sexual. Se em vez de emancipar-se, vier a ser vítima de uma neurose, isso implica a presença de um complexo materno que, em geral, é superpoderoso e por certo não dominado. (FREUD, 1915/1969, p. 302)

O vínculo dessa jovem com sua mãe permanece tão forte que ela não consegue voltar-se para o homem pelo qual se sente atraída. O que faz com que Freud conclua que a ligação com alguém do mesmo sexo (com a mãe) opõe-se às suas tentativas de adotar uma pessoa de outro sexo como objeto de amor.

Vimos, no capítulo 3 deste estudo, que Lacan, na década de 60, encara esse resto de gozo que concerne ao da pulsão que escapa à norma fálica na mulher como termos de insaciabilidade e da voracidade materna. Nesse sentido, o materno aí se coloca como desejo sem lei. A partir da teorização do gozo, em um segundo momento de seu ensino, ele fala de um resto de gozo não simbolizado, que pode chegar à concretude de uma "devastação", um estrago possível, particularmente na relação entre a mãe e sua filha. Em contrapartida, algo também escapa na psicose e retorna ao sujeito como puro vazio. Poderíamos dizer, portanto, que a mulher psicótica, além de ter que se haver com o enigma sobre o significante da inscrição paterna que se instala pela foraclusão na ausência da inscrição do nome-do-pai, ela terá que se haver também com o enigma sobre o feminino.

Na neurose, o que escapa ao feminino, cujo Complexo de Édipo não se resolve essencialmente, traz algumas particularidades do gozo não referido à lógica fálica. A condição da mulher mascarada ou a da mulher que faz o homem na heterossexualidade ou homossexualidade são emblemáticas dessa situação. Já na psicose, o que escapa pela foraclusão do nome-do-pai também tem efeitos na posição sexuada dos sujeitos.

Acreditamos que o que escapa da significação fálica na mulher e que pode resultar em uma devastação na relação entre mãe e filha, por um lado, e o que não é simbolizado a partir da foraclusão do nome-do-pai no campo das psicoses, por outro, pode ter uma incidência, um duplo efeito nos casos de algumas mães psicóticas. Portanto, os efeitos da devastação e da foraclusão podem também se sobrepor no contexto da maternidade de mulheres psicóticas. É o que vamos conferir, mais a frente, na escuta dos casos clínicos.

5.1 A metodologia de pesquisa

5.1.1 O universo da pesquisa

Este estudo foi realizado em duas unidades básicas de saúde (UBS), a partir da escuta de mulheres na clínica de Saúde Mental. A primeira UBS é uma unidade com atendimento prioritário para usuários moradores em área de risco elevado. A segunda, uma UBS que tem como uma de suas prioridades o atendimento à população em situação de rua. A princípio, minha expectativa era a de conhecer o universo de homens e mulheres psicóticos em atendimento nessas duas unidades de saúde que possuíam filhos sob seus cuidados ou sob os cuidados da família, doados ou em processo de adoção. Até então, a pesquisa tinha como objetivo indagar sobre as possibilidades e condições do exercício das funções maternas e paternas. Objetivava, também, compreender a produção de laços estruturantes em contextos supostamente desfavoráveis para crianças, filhas de homens e mulheres para os quais o exercício dessas funções, essenciais na estruturação do sujeito, encontra-se de fato comprometido, como é no caso das psicoses.

Entrementes, o que de alguma forma já havia emergido da escuta dos colegas no doutorado, no contexto dos seminários de tese, retornou à época do exame de qualificação. Questões sobre a amplitude do tema e a exiguidade do tempo foram colocadas. Também foram discutidas questões em torno da dificuldade de acesso às crianças e a seus pais, aos abrigos ou famílias substitutas em que algumas delas poderiam estar. Foi "preciso" escolher, e a pesquisa na clínica, em torno da maternidade na psicose, que já pulsava aqui e ali, mostrou-se a direção mais acertada.

Neste trabalho contei ainda com o suporte das equipes de saúde da família dessas unidades, os médicos de apoio, principalmente os psiquiatras das equipes de Saúde Mental e, de forma pontual, dos pediatras, das ginecologistas e das assistentes sociais. Contei também com a participação singular dos agentes comunitários de saúde – profissionais que têm se mostrado de grande valor para o trabalho de atenção à saúde mental de pessoas em sofrimento psíquico e suas famílias. Necessário acrescentar o trabalho intersetorial, particularmente o realizado junto aos educadores sociais de rua, da Secretaria de Assistência Social, sem o qual este estudo não passaria de uma intenção não concretizada.

5.1.2 Os sujeitos da pesquisa

Escolhi como sujeitos da pesquisa cinco mulheres com idade entre 20 e 50 anos, que residem nas áreas de abrangência das duas unidades de saúde. Entre elas, apenas uma passou pela experiência oficial de casamento. Os filhos de três delas foram frutos de experiências conjugais diferentes e de pouca duração. Uma delas não contou com a presença do pai de seu filho, nem antes ou durante a gestação, nem após a sua doação.

A escolha desses casos deveu-se ao fato de apresentarem questões pertinentes à função da maternidade na estrutura psicótica, sua possibilidade de suplência ou estabilização, como também seu fracasso e devastação.

Cabe ressaltar que este trabalho conta com as dificuldades próprias de "não ter pronto e acabado" um método que vise a sustentar uma experiência psicanalítica para dela extrair elementos para uma pesquisa. Assim, optamos pela *pesquisa clínica em psicanálise*, cujo instrumento metodológico – *a construção do caso* – é o pivô. Estabelecer um enlace entre a clínica e a pesquisa não é tarefa fácil, pois, se no campo da psicanálise uma se alimenta da outra, elas não se confundem, nem tampouco se complementam. No entanto, a construção do caso clínico põe em ato um saber inédito para a pesquisa, nascido no campo da clínica.

5.1.3 Os instrumentos metodológicos

Em uma Conferência realizada em 1997 em Belo Horizonte, Minas Gerais, Carlo Viganò faz recordar à comunidade de analistas e não analistas presentes que Lacan sustenta a ideia de que o psicótico é um sujeito estruturado, mesmo que ele se encontre fora do laço social. E que não o levar em consideração, não falar com ele, não o escutar é uma forma de sustentar a sua exclusão, ainda que ele esteja fora das instituições clássicas de exclusão que são os manicômios.

É nessa perspectiva, a de considerar a presença e a fala de mulheres psicóticas e mães, nos serviços substitutivos à instituição psiquiátrica, que recuperamos desse psiquiatra e psicanalista italiano o que ele propõe como dispositivo metodológico na clínica psicanalítica, a "construção do caso clínico" (VIGANÒ, 1999), tomando dessa construção – no mesmo gesto e movimento – aquilo que se delineou como material de pesquisa.

Método que se pauta pela escuta do sujeito do inconsciente, que se atualiza pela via da transferência, no que ele traz de particular, no lugar do universal do saber teórico estabelecido. O autor sustenta que a construção do caso faculta a emergência do sujeito como único em sua singularidade, o que o torna o verdadeiro operador da clínica e artífice de sua resolução, "desde que o coloquemos em condição de sê-lo" (VIGANÒ, 1999, p. 53).

Como Pujó diria: "adequar o caso ao já estabelecido pela teoria é provavelmente menos proveitoso que interrogar o já sabido do que poderia constituir uma fronteira à sua universalidade" (PUJÓ, 1993, p. 19). No campo da pesquisa em psicanálise e em defesa do sujeito, outros autores se apresentam para essa discussão em torno da relação entre o saber e a verdade, entre o necessário e o contingente, entre o universal e o particular, enfim, entre a ciência dos cânones formais e a psicanálise, no que lhes compete inovar nesse campo de produção de saber.

Em seu texto "Quem tem medo do contingente? O problema do método e a necessária interdependência entre psicanálise e ciência", Jeferson Machado Pinto sustenta que, "para a psicanálise, o sujeito surge exatamente como demonstração do fracasso do saber em apreendê-lo, como ponto de furo na estrutura da linguagem" (PINTO, 2013, p. 2). E é justamente nesse ponto de insuficiência do simbólico e de emergência do real, em que a clínica tropeça, que a teoria psicanalítica é convocada, se não para dar conta desse ponto intransponível, ao menos para situá-lo.

Na verdade, trata-se neste estudo da sustentação de um método do fazer clínico inaugurado por Freud, que envolve ao mesmo tempo clínica, pesquisa e transmissão. Considera-se, pois, quem escuta e quem é escutado, em um trabalho no qual o operador privilegiado é o caso, ou seja, o sujeito do inconsciente.

Nesse sentido, o que se coloca na perspectiva do método em psicanálise é a preservação de manifestações do inconsciente, "mesmo quando tal registro ultrapassa a condição de abordá-lo ou quando dissipa sua opacidade" (VORCARO, 2010, p. 11), característica do método freudiano que é íntima à responsabilização do analista quanto ao seu ato, e quanto à transmissão de uma prática clínica que obriga a cada analista, caso a caso, a recriar o método, constituindo um estilo.

A pesquisa em psicanálise, diz Iribarry (2003), "justamente por trabalhar com a impossibilidade de previsão do inconsciente, não poderia jamais exigir uma sistematização completa e exclusiva" (IRIBARRY, 2003, p. 117). Nesse sentido será sempre uma apropriação pelo analista, do método "metapsicológico" freudiano, a partir do qual ele pode descobrir um modo de fazer clínico que o singularize.

Trata-se, finalmente, da indexação no campo da ciência, da qual a psicanálise é tributária, daquilo que é da ordem de um real, que não cessa de não se inscrever. No texto "A pesquisa clínica em psicanálise" de Sauret (2003), encontramos uma referência à pesquisa em psicanálise como pertencente a uma nova etapa da ciência moderna e admitida em sua consistência a partir do campo da lógica de Kurt Godel (1931). Esse lógico matemático produziu um verdadeiro corte epistemológico no campo das ciências, quando introduziu o conceito de incompletude do sistema, sustentando que existem proposições verdadeiras que não são demonstráveis. Assim, justifica-se o empenho de Lacan na formalização do saber e do discurso psicanalítico, "com a produção de matemas suscetíveis de indexar o real em jogo na experiência psicanalítica" (SAURET, 2003, p. 89).

Em seu livro *Transmitir a clínica psicanalítica – Freud, Lacan, hoje*, Porge (2009) fala do relato do caso em Freud que, com estilo romanesco, ainda que com contradições, institui o lugar em que se pode encontrar a verdade do paciente e o saber que dela se transmite. Quanto a Lacan, ainda que não tenha publicado casos, a não ser o Caso Aimée, que citamos neste estudo, também fez de seu estilo aforístico e poético um trunfo portador de um valor clínico e de um método em seu ensino, que permitiram à clínica psicanalítica escapar de uma redução a uma forma de psicoterapia de uma antropologia, e até mesmo de uma *Weltanschauung*, e sustentar a razão ética de seu fazer. Razão pela qual sua especificidade não tem sentido, a não ser que dela algo possa se transmitir.

Quanto a essas questões, também se pronuncia Porge (2005), para quem a transmissão da clínica a partir de Freud e Lacan faz parte da própria clínica psicanalítica:

> A fórmula que se nos impôs é a de que a especificidade da clínica analítica, do estabelecimento de um fato clínico psicanalítico, de uma verdadeira nova clínica, reside no método de sua transmissão. Trata-se de encontrar a justa medida entre a clínica e o que dela se transmite. (PORGE, 2005, p. 12)

Preocupado com o fato de seus discípulos se ocuparem mais com a interpretação, entendida como pura produção de sentido, do que com a manifestação do inconsciente de seus pacientes, Freud escreveu um texto sobre a técnica da análise que nomeou "Construções em análise" (FREUD, 1937). Nesse texto ele exemplifica o trabalho de construção, que precede ao ato clínico da interpretação, como o trabalho do arqueólogo, que só interpreta a realidade do lugar que está escavando e estudando, a partir de pequenos resíduos que encontra pelo caminho.

Freud lembra ainda que o objeto buscado pelo arqueólogo, seja um edifício, uma cidade ou uma obra, tal como o objeto psíquico, não se mostra em sua totalidade. Na clínica, esse objeto emerge: na atividade fantasmática por meio da qual o sujeito foi estratificando as próprias satisfações, fica inconsciente ou aparece nas transformações alucinatórias da realidade e da imagem do corpo. Nesse sentido, Viganò (1999), atento ao texto de Freud, sustenta que: "No trabalho de construção do caso, não se trata apenas de analisar as próprias reações emotivas do analista, sua contratransferência, mas de deixar-se surpreender pelo real veiculado pela palavra, pelo inter-dito que é a verdadeira resposta do sujeito" (VIGANÒ, 1999, p. 56).

Além dos aspectos que a abordagem clínica em psicanálise exige sempre problematizar dentro ou fora de uma pesquisa, na clínica, o essencial na abordagem do caso clínico é a possibilidade de colocar em interlocução o saber adquirido e os ensinamentos do caso, tornando-o capaz, a partir de seu ineditismo, de sua singularidade de caso único, "de interrogar, de reformular, distinguir ou ultrapassar o que já foi explicitado pela generalização teórica da psicanálise" (VORCARO, 2010, p. 15).

Dito de outro modo, para que a singularidade do caso possa ser surpreendida e acolhida, é necessária a interrogação da experiência e a colocação de questões. "Para que, assim, a consideração do detalhe sirva à elaboração do saber clínico" (ALLOUCH *apud* VORCARO, 2010, p. 21). Desse modo, o método clínico da psicanálise, além de ser permeável à pesquisa e à transmissão, pode tornar-se tributário da consideração de cada caso como único, constituindo um método de inscrição singular do sujeito no laço social.

As recomendações de Freud com relação à "construção do caso" poderão ser identificadas neste estudo, a partir da escuta realizada na clínica com essas mulheres, uma a uma, consideradas como "autoridade clínica" (VIGANÒ, 1999, p. 58), em sua condução. Essas recomendações parecem ter produzido efeitos de linguagem para algumas delas, ou seja, tanto um esvaziamento de gozo, motor do sofrimento do sujeito, quanto a produção de significantes novos, que concorreram para uma mudança na posição do sujeito frente ao Outro perseguidor, na posição de objeto do Outro, de sujeito devastado ou abandonado.

Outro elemento importante que foi considerado na condução dos casos que aqui são apresentados diz respeito ao fato de eles serem conduzidos no contexto de uma "clínica feita por muitos", que é a clínica sustentada pela rede de saúde pública da qual faço parte. Carvalho (2010), no prefácio que escreveu para o livro *Metodologia em ato*, lembra que o funcionamento automático das nossas instituições é fortemente marcado e agenciado por um discurso de mestria, que geralmente produz uma cifra: os diabéticos, os hipertensos, os loucos, os tabagistas, os alcoólatras, as mães, etc. Nas nossas instituições, geralmente os sujeitos, estes pelos quais se interessa a psicanálise, correm o risco de se tornarem objetos mais-gozar. Nesse contexto, as mulheres a quem se dirigiu a nossa escuta são, a princípio, nomeadas no interesse da criança apenas como mães, que devem se adequar às prerrogativas dos protocolos das políticas de atenção à criança, exigidos pelo Ministério da Saúde, no interesse da diminuição dos índices de mortalidade materno-infantil, o que é um avanço enorme, mas não como sujeitos do discurso.

Portanto, no interesse também das mulheres, consideramos neste estudo, para a "construção do caso" e seus efeitos de método, a existência de uma rede simbólica construída em torno do sujeito, eleito como "autoridade clínica". Rede que absorve os dispositivos de "matriciamento",[10]

[10] Matriciamento: dispositivo eleito pela Rede de Saúde Mental do município de Belo Horizonte, inspirado no conceito de "Apoio matricial", de Gastão Wagner (2012), que pretende alcançar

as equipes de saúde da família, as supervisões, as reuniões de microárea e os demais equipamentos de atenção em saúde mental e intersetorial. Também elegemos como instrumento de trabalho, para dois casos, o dispositivo da conversação em família.

Tais procedimentos, instalados em uma *práxis* clínica, feita por muitos, desde que ao menos um esteja advertido do inconsciente, considerados inclusive estratégicos na estabilização da psicose, foram cruciais para retirá-las do lugar de objeto de intervenções, comandadas tanto pelo discurso do mestre, muitas vezes moralizantes e nas quais estavam mergulhadas, quanto, para a maioria delas, do lugar de objeto de gozo do Outro avassalador na psicose.

5.2 O caso Joana

Trata-se de uma jovem mulher que chegou à unidade básica de saúde no início de 2009. Antes, ela havia passado por um equipamento de urgência após uma tentativa de autoextermínio. Na ocasião apresentava-se lúcida, orientada e sem sintomas produtivos evidentes. Tinha 21 anos de idade, solteira e mãe de uma criança de 1 ano e meio. Fala que tentou pular de uma laje com sua filha, porque havia perdido a vontade de viver. Essas tentativas de ceifar a vida, bem como a de sua filha, são motivadas pelo intenso desconforto que lhe causa a convivência com ela. Algo na relação com essa filha toca um ponto de impossibilidade.

Durante esse episódio, que se configura mais como um *acting-out* do que uma passagem ao ato, Joana ligou de seu celular para a polícia, a fim de entregar-lhe a filha "antes que fizesse o pior". Em resposta a esse apelo, foram levadas mãe e filha pelos policiais para a casa dos irmãos. As tentativas de autoextermínio tiveram início aos 10 anos de idade após a morte de sua mãe. Há diversas passagens pelo CPP, hoje CEPAI, que é uma unidade de atendimento ambulatorial de urgência e internação para crianças e adolescentes da Fhemig. Após a morte do pai quando tinha

a diminuição da assimetria no saber entre os técnicos no contexto da saúde pública. Esse conceito ampliado leva em consideração a palavra e o saber do paciente, bem como as saídas que ele inventa, no contexto das discussões sobre o caso, com as equipes de Saúde da Família nas unidades básicas de saúde.

16 anos, teve que assumir o cuidado dos irmãos mais novos, dos quais, depois de sua gravidez, passou a manter certa distância.

Nos atendimentos que se seguem, ela falou de suas dificuldades no relacionamento com a filha, pautado por uma forte intolerância, irritabilidade e impulsividade. Por diversas vezes já pensou em "doá-la de papel passado, porque ela é impossível". Esse significante ela parece ter recuperado de sua mãe que assim se dirigia a ela na infância. Nos primeiros meses de vida da criança, Joana foi denunciada ao Conselho Tutelar, por vizinhos que a viram batendo na menina.

Nessa época, morava com a filha em uma banca de revistas, herdada dos pais na partilha dos bens entre os irmãos. Em um de seus momentos de intensa irritabilidade e "antes que cometesse uma loucura", entregou a filha a essa instância de defesa e direitos da criança. Na semana seguinte, arrependeu-se e solicitou a mim e ao psiquiatra de referência um relatório, condição colocada pelo Juizado da Infância e Adolescência para que ela retomasse a guarda da criança. Aqui a ambiguidade na relação entre mãe e filha, como vimos no capítulo 3 deste estudo, comparece. Zalcberg (2003), em seu livro *A relação mãe e filha*, recupera de Lacan o neologismo *hainamoration*, isto é, *haine* (ódio) *enamoration* (enamoramento), a propósito dessa situação. Nessa sessão, Joana aceitou nossa orientação no sentido de mobilizar a família e dividir com ela o cuidado da criança, bem como colocá-la em uma creche. Aceitou também trazer a filha para alguns atendimentos mãe-bebê.

Nesses atendimentos, a criança interagiu com o ambiente, subiu e desceu do colo da mãe, sorriu para ela dizendo "mamãe" e "Lô", apelido pelo qual a mãe é chamada pelos parentes. Ao brincar com alguns objetos, jogou-os no chão para depois apanhá-los, numa espécie de jogo de Fort/Dá, nome de um jogo que recolhemos das elaborações de Freud para as brincadeiras infantis. A mãe, por sua vez, devolveu-lhe os brinquedos, gesto sempre seguido de uma admoestação – "ela é impossível" – e outros comentários em torno de sua intolerância quanto à insubordinação da menina. Essa criança, por sua vez, tem asma. Andrade (1991), em um artigo em que estabelece uma interlocução entre a medicina e a psicanálise, fala desse sintoma como uma resposta do sujeito, na ambiguidade de sua relação com o outro.

> [...] ser asmática é uma forma de ser alguma coisa quando se vive a ameaça de não ser ninguém. Pela relação da respiração, com o

choro, com a fala, com a vida, a crise asmática é, a um só tempo, uma tradução da angústia de morte e uma expressão de vida. (ANDRADE, 1991, p. 23)

A escuta de Joana coloca-nos em primeiro lugar frente a questões em torno do diagnóstico que encontramos em seu relatório, extraído a princípio da última Classificação Internacional de Doenças – *Paciente acometida por uma amnésia dissociativa, transtorno da personalidade com instabilidade emocional e personalidade histriônica.* Os elementos extraídos dessa listagem descritiva poderiam reportar-nos tanto à psiquiatria clássica quanto à psicanálise, e leva-nos inicialmente a decidir por uma estrutura histérica. As demais observações colocadas em seu relatório também não esclareciam muito, por se tratar de referências a uma depressão leve ou moderada, destacada de uma leitura estrutural que, se fosse feita, levaria também a um diagnóstico de histeria. Podem essas observações também serem localizadas nas referências de Jacques Lacan a um discurso que faz predominar a estatística, a descrição exaustiva de uma medicina baseada em evidências, cuja tendência é registrar tudo quanto o exame e o interrogatório podem produzir, sem a mínima preocupação com o estilo que deve ser apreendido da escuta do sujeito.

Entretanto, nesse caso, os *acting-out* e as passagens ao ato, verdadeiros retornos de pontos de gozo, e sua tradução na vertente da impossibilidade de viver, representam o total desamparo dessa paciente frente a situações de falta em si e no outro, apesar da medicação. Também as crises que se sucederam à perda da mãe aos dez anos, de quem guarda uma relação de hostilidade, e posteriormente a perda do pai aos 16 anos, que era mais afetuoso. A ausência de suporte simbólico para lidar com a maternidade e com as transformações do corpo, a sensação de deformação que essa condição lhe impôs e, mais recentemente, o aparecimento de alucinações visuais fizeram-nos optar por uma hipótese diagnóstica de uma psicose.

Mas é importante enfatizar que, ainda que o diagnóstico possa ser determinado nos termos mais clássicos, alguma coisa sempre permanece em suspenso quanto ao sentido do sintoma. Assim, o que poderá nos orientar quanto à dimensão real e incurável de um sintoma nesse caso, e nos demais que se seguirão, sobre uma problemática subjetiva ou institucional de um impasse concernente ao laço social do sujeito emerge na fala dos pacientes.

Na escuta de um caso clínico em psicanálise, o que se tem apontado como indicação de método diz respeito à necessidade de se colocar acento em um ponto: o ponto inscrito em uma gravitação da lógica significante no campo do gozo. Isso que do real se repete e não cessa de se inscrever. Nesse caso, um significante "impossível" endereçado à filha e partindo da mãe, uma irritabilidade desmedida e uma vontade de morte (ideação suicida), frente a situações de falha do outro.

O que consideramos advir de um gozo mortífero que emerge e invade essa mãe, quando a criança lhe oferece o seu cocô e se deixa sujar a ela e aos cômodos da casa de excrementos, quando não responde aos apelos de obediência da mãe, quando faz pirraça. Atitudes, inclusive, compatíveis com a necessidade de uma criança nessa idade de marcar uma distância e uma diferença com o outro, correlativo dos tempos lógicos do Édipo, de alienação e separação do outro no espelho. Nesse significante "impossível", acreditamos encontrar-se o ponto pivô em torno do qual gira a evocação do caso e que coloca em causa o significante do desejo ali, onde se instala o diálogo do sujeito com seu inconsciente.

Há ainda algo a ser cotejado com Lacan (1998), que, no Seminário 5, trata das formações do inconsciente, em relação à eminência do trágico, que toca esse ponto de gozo que escutamos gravitar em torno do caso e que se associa à questão das tentativas de autoextermínio e à reação terapêutica negativa. Esse é um ponto de resistência para os sujeitos que foram crianças não desejadas, ou que vem dos significantes de uma possível devastação, que envolve Joana com o seu Outro materno, que a leva a um irresistível empuxo à autodestruição.

> [...] é a medida mesmo que melhor se articula para eles o que deve fazê-los se aproximar de suas histórias de sujeito que mais e mais eles se recusam a entrar no jogo, querem literalmente sair. Não aceitam ser o que eles são, não querem esta cadeia significante na qual eles só foram admitidos por sua mãe a contragosto. (LACAN, 1957-1958/1999, p. 254)

Interessa-nos um caso clínico conduzido por uma psicóloga e psicanalista do Serviço de Saúde Mental de Ipatinga, em Minas Gerais. Soares (2008) vem ao encontro de questões que nos ocupam, chamando-nos atenção pela maneira encontrada pelo sujeito psicótico para circular e fazer laço social, quando se encontra diante de situações que o ultrapassam.

Trata-se de uma mulher que aportava frequentemente nas imediações de um serviço que fazia carteiras de identidade. Momentos depois, ela chega ao serviço de saúde levada por policiais a pedido de órgão de assistência social. Em um percurso de 17 anos de tratamento e até então afastada da família, a paciente volta à escola, participa de reuniões políticas de movimentos sociais, trabalha como vendedora de roupas e consegue uma casa em terreno invadido por outras famílias que mais tarde é legalizado pela prefeitura. Dessa forma e de posse de uma nova identidade, mantém-se estável. Inscreve-se e nomeia-se como cidadã e como mãe de uma filha a quem se dedica muitas vezes com excessivo zelo.

Isso nos remete também ao trabalho de Jean Allouch (2000), em seus estudos sobre o Caso Aimée de J. Lacan, e reforça nosso interesse por um tema na condução de alguns casos em que se apresenta o indício de um excesso de zelo de mães psicóticas para com seus filhos. Para o autor, trata-se de "Um gozo [do] materno para o qual certas psicoses seriam uma via de acesso privilegiado. Uma pedoforia materna" (ALLOUCH, 2000, p. 364).

No caso conduzido pela psicanalista em Ipatinga, destacamos o fato de que se tratava de uma paciente para quem a gravidez e o surgimento da filha trouxeram-lhe um novo lugar afetivo/social, como sustentou a psicanalista em sua condução. Na verdade, uma nova identidade, uma nomeação por meio da maternidade. Diferente, ao que parece, do que acontece com a nossa paciente, que busca um companheiro mais velho que dela se afastou, e se vê inesperadamente só nessa condição. Na relação com a filha, uma mínima atitude própria de crianças na primeira idade faz retornar para ela um gozo desmedido, uma irritabilidade de difícil contenção, uma vontade de morte das duas e a busca de recursos institucionais, verdadeiros referenciais simbólicos, para contenção de si e guarda da criança ameaçada. Recursos aos quais recorre frente ao desamparo e que lhe foram oferecidos desde a adolescência, como forma de barrar um gozo mortífero e avassalador que faz enigma para ela.

Essa paciente, que evoca o fato de "morrer com a filha", matar-se com ela como solução, para além da resistência do sujeito aos significantes que o mortificam, aproxima-se do que Laurent (2006) chamou de "infanticídio altruísta" (LAURENT, 2006, p. 139), que tem a seu ver a mesma forma do suicídio altruísta. Matar-se junto com a filha para não sofrer é, para esse psicanalista, a excelência do suicídio altruísta, do assassinato. No caso trabalhado por Laurent (2006), no texto "O amor louco de uma mãe", ele diz que o fato de a paciente anunciar a passagem ao ato permite a tomada de uma série de providências, de anteparos ao sujeito, que evitem o choque passional mortífero entre ela e sua filha. E que é preciso considerar que, a partir do nascimento de um filho, franqueia-se um umbral, uma aceleração do chamado ao nome-do-pai, que é convocado para que algo ponha ordem na relação mãe-criança. Assim, em vez de resposta, só há devastação, abre-se um abismo, por onde o sujeito ameaça lançar-se, muitas vezes mãe e filho, em busca de uma pacificação, de um apaziguamento.

Moreira (2011), em um trabalho em que propõe uma análise das posições maternas junto a crianças vítimas de negligência e abuso sexual, em torno da mãe ideal e da maternidade possível, leva em conta as condições psíquicas e sociais de mulheres, quando as mesmas "falham" no exercício da maternidade. Ela propõe, para o nosso entendimento da questão, uma discussão em torno da articulação entre maternidade e desamparo. Vimos, no segundo capítulo deste estudo, que Freud, em seu projeto para uma psicologia científica, escrito em 1895, introduz a questão da "experiência de satisfação" como aquela que vem determinar a primeira inscrição fundante do aparelho psíquico. O desamparo (*hilflosigkeit*), essa carência inicial do bebê humano, não lhe deixa outra saída que a da "assistência alheia de uma pessoa experiente para a sua sobrevivência". E é com o grito, diz Freud, que o pequeno humano faz apelo ao Outro para o suprimento dessa carência.

> O desamparo é uma condição humana e é a partir da relação com o outro que a humanização se inscreve. A vida, em seu estado puro e bruto, não é necessariamente humana; e é preciso a acolhida do outro para circunscrever-se essa vida no campo humano. Assim a narcisação realizada pela função materna é decisiva para esse processo de humanização e, portanto, de percepção do desamparo. (MOREIRA, 2001, p. 47)

Grito que Lacan, na década de 70, diz ser proveniente de um depósito de gozo, de "lalangue" (LACAN, 1985 [1972-1973], p. 190), a língua de cada um, língua materna transmitida e não apreendida. Saber inscrito no corpo e recebido do Outro: "de onde precipitam os significantes que serão posteriormente organizados segundo leis próprias" (GUERRA, 2011, p. 47).

A mãe, portanto, ou quem ocupa esse lugar, contém e coloca, por meio da lalíngua, os limites para uma vida que emerge em estado bruto, fluxo sonoro, saber inconsciente inscrito no corpo da criança, oferta de formas de simbolização e organização. Uma mãe em condições de devotar-se a uma criança pode, assim, com lalíngua, mitigar o desamparo em que ela se encontra lançada no descompasso temporal entre o período de gestação e o seu nascimento, e que traduz uma experiência de lançamento na vida caótica, excesso pulsional sem borda, gozo sem contenção. Uma dificuldade, ou melhor, uma indisposição para sustentar a lalíngua, colada nos significantes que vem do Outro materno, nos termos de uma impossibilidade, é o que parece se colocar para Joana convocada para sustentar esse lugar.

Lucia Grossi (2007), em seu texto "O Amor Louco", parte das afirmações de Lacan (1972-1973/1985) no Seminário 20, *Mais, ainda*, em que ele sustenta que o amor vem como suplência à inexistência da relação sexual. E isso vale para todas as formas de amor, inclusive o materno. Com Lacan, ela faz uma leitura do livro de André Breton (1937) *L'amour Fou* e estabelece referência a um tipo de amor carregado de estranheza, o que nos faz perguntar sobre o tipo de amor que devota essa mãe à sua filha.

Tudo vai bem até que a criança objeto de amor falha e repete a falha do amor enganoso e da relação devastadora dessa mulher com sua mãe. Um amor que a deserta de um desejo próprio. No amor louco de André Breton, a dimensão de conflito pulsional aparece na impossibilidade de resolução. Sem restos desse conflito, ele ganha, no caso do poeta, uma dimensão narrativa em que as palavras seguem fazendo amor. No caso de Joana, o que emerge é uma dimensão de um gozo absoluto, a partir de uma impossibilidade de laço, entre o eu e seu objeto de amor.

Pensar nas condições psíquicas dessa jovem leva-nos para o que é da ordem de uma hostilidade entre mãe e filha que perpassa a cadeia de significantes e se perpetua entre gerações. Uma mãe hostil para um sujeito que, por sua vez, coloca a maternidade no lugar de impossível de suportar, e esse significante, colocado pela mãe, repete-se na relação de Joana com sua filha. Isso corrobora essa condição do sujeito, lançado nessa *catástrofe* anunciada por Freud e na *devastação* sustentada por Lacan na relação entre a menina e sua mãe, o que pode ocorrer associada à foraclusão do nome-do-pai, quando a transição para o objeto paterno não é franqueada. Tal como diz a psicanalista Cristina Drummond (2001), em sua leitura do texto de Lacan, em *L' Etourdit*:

> Se o sujeito entra no registro simbólico da troca, ele pode metaforizar o desejo da mãe. Quando isso não ocorre, a mãe permanece numa posição de Outro real, interpretado como Outro do gozo que convoca o sujeito para uma fusão impossível ou para a perseguição. (DRUMMOND, 2002, p. 1)

A devastação que, tanto na neurose quanto na psicose, implica uma dificuldade do sujeito de transitar no universo de trocas, de colocar o corpo na troca amorosa, na partilha sexual, e também em sua disposição ao exercício materno, é o que podemos recolher de Lacan para a escuta desse caso, o que seria uma posição de devastação na relação de Joana com sua mãe, e que está ligada à troca fálica impossível, na medida em que algo da mãe escapa à lei simbólica que faria dela um objeto na estrutura da troca.

No caso dessa mãe psicótica, às voltas com a função materna, com o exercício da maternidade, a devastação na relação entre mãe e filha sobrepõe-se à ausência de resposta ao apelo ao nome-do-pai. Uma dupla condição que responde ao desaparecimento do sujeito e do objeto. Que trabalho em equipe e que lugar de analista na condução desse tratamento poderiam produzir respostas que pudessem retirar esse sujeito mãe e essa filha dos riscos de uma passagem ao ato, do real da pulsão que não cessa de não se inscrever, de um encontro anunciado com a morte?

De início fizemos uma aposta que vem do que nos sugere Laurent (2006), no texto "Os tratamentos psicanalíticos das psicoses": "Na clínica é imprescindível uma conversação sobre o gozo, que visa nomear esse inominável que faz enigma para o sujeito" (LAURENT, 2006).

Na condução desse caso, uma série de sessões com a participação de outros membros da família foi realizada. Nesse percurso, sentimo-nos autorizados por Freud, como vimos no segundo capítulo deste estudo, a introduzir o que vamos chamar de *maternidade compartilhada* (mãe, primas, irmã e madrinha da criança), o que trouxe para essa jovem, além de efeitos de apaziguamento, a possibilidade de sustentação de um lugar não mais tão "impossível", o dos cuidados maternos que ela sozinha, dificilmente, seria capaz de sustentar.

Introduzimos também, a partir desse caso, outro recurso que estamos chamando de *maternidade assistida*, para nomear o trabalho em equipe para os casos de mães psicóticas e seus filhos. Atendimentos individuais e em conjunto mãe-bebê foram sustentados ao longo de três anos de atendimento, até que a criança completou cinco anos e fez sua própria demanda de análise. Essa criança está frequentando uma UMEI (Unidade de Educação Infantil Municipal) de seu bairro, onde responde de maneira precoce aos apelos educacionais e é assistida pela pediatra da unidade de saúde. Um sistema de gestão eletrônica tem facilitado muito o monitoramento do trabalho em rede. Mãe e filha são ainda acompanhadas pelo antigo SOSF (Serviço de Orientação Familiar), hoje PAEF, dispositivo público de assistência social, próximo à sua residência. Nas conversações[11] realizadas com a família, uma solução foi construída, no sentido de uma dosagem calculada de convivência mãe e filha, e uma distribuição do cuidado da criança entre os seus membros.

5.3 Filhas abandonadas, mães negligentes?

Os dois casos que se seguem assemelham-se em vários aspectos, ao mesmo tempo que trazem diferenças entre si e com relação ao primeiro. O que os assemelha é o fato de se tratar de mulheres com trajetória de rua, histórico de institucionalização e que tiveram seus filhos em situação de extrema pobreza. E com uma realidade marcada por uma vulnerabilidade psíquica, econômica e social do grupo familiar, que as levaram à institucionalização e posterior doação da totalidade ou da maioria de seus filhos considerados, pelos órgãos de proteção, em situação de negligência.

5.3.1 Caso Carmem

A primeira, vou chamá-la de Carmem, uma mulher de 27 anos que foi encontrada nas ruas pelos profissionais de abordagem[12] e encaminhada à unidade de saúde em 2002. Grávida de dois meses, e portadora do vírus

[11] Dispositivo elaborado por Jacques Alain Miller, nos anos 1990, que tem na associação livre coletivizada o ponto de sustentação que permite que o objeto de estudo seja analisado a partir de uma proliferação de significantes, produzidos pelo coletivo de profissionais, que determinam a condução do caso. A conversação gira em torno do caso clínico na perspectiva de construção do projeto terapêutico que afasta o discurso do mestre ou universitário e privilegia a fala do paciente. Essa estratégia clínica começou a ser utilizada em 2011, no contexto da rede de saúde mental no município de Belo Horizonte, também para o trabalho com as famílias de pacientes graves (crianças, adolescentes e adultos).

[12] Abordagem de rua: atividade realizada pelos educadores sociais de rua.

HIV, escuta vozes que lhe dizem para morrer e a xingam de "nêga". Diz também que não é incomum as pessoas cuspirem nela nas ruas.

Sua primeira filha, fruto do que chamou "uma paixão da adolescência", foi doada para uma família de estrangeiros quando a menina tinha 5 anos. Essa criança nasceu prematura e exigiu cuidados médicos intensivos em seus primeiros meses de vida. A tia que a criou e com quem vivia nessa época disse-lhe que ela havia se perdido, e Carmem, ainda que tenha sido surpreendida por essa gravidez, diz ter "se sentido feliz e com uma sensação de ser mulher". Entretanto, pelo fato de andar com a criança pelas ruas, alcoolizada e atrás do namorado e pai da criança, os órgãos de proteção à infância levaram-na para adoção.

A primeira crise que ela chamou "sua depressão pós-parto" ocorreu após o nascimento de seu segundo filho, a quem ela diz ter transmitido o "vírus da raiva".[13] Depois de um longo tratamento médico, essa criança também foi dada em adoção. Carmem nos falou de um ciúme intenso e uma agressividade sem limites dirigida ao pai dessa criança e de quem ela se separou, após sua primeira internação. Quanto ao que é usualmente chamado de depressão pós-parto nas mulheres, como diz Zalcberg (2003), "ela está frequentemente relacionada a problemas causados pelo fato de a criança ser considerada, desde a gravidez, um objeto de gozo na fantasia da mãe" (ZALCBERGZ, 2003, p. 129). Uma tristeza infinita, um afastamento da criança, causada pela perda de um *quantum* de gozo no corpo que essa criança representava em sua fantasia, instalou-se. Nesse caso, o trabalho de luto pela perda da criança, como *objeto pequeno a*, causa do desejo na fantasia da mãe, parece não ter se realizado.

Entretanto, Carmem encontrou, no ano seguinte, "um novo amor", e com ele teve mais dois filhos. Com uma diferença de apenas nove meses entre as duas gestações, chegou a amamentá-los ao mesmo tempo no peito. Com o repentino assassinato do pai dessas crianças, sentiu-se só e insegura, não encontrando outro recurso senão consentir com a guarda das crianças pelos avós paternos. Data dessa época sua ida para as ruas. Nessa condição e novamente grávida de três meses, foi abordada por educadores sociais de rua e aceitou ser atendida pela equipe de Saúde Mental

[13] Raiva: doença infecciosa transmitida por um vírus (veneno em latim) aos humanos por cães. *Rabere* em latim: fúria, delírio. No Sânscrito; tornar-se violento. *Lyssa* ou *lytta* em grego: loucura.

e morar em uma república feminina. Essa gravidez foi acompanhada por toda a equipe da unidade de saúde, especialmente pela ginecologista com apoio do Centro de Referência de Doenças Infectocontagiosas, e a criança nasceu livre do vírus do HIV. Diante de seu quadro de saúde e agravantes que poderiam advir de sua doença, aceitou da ginecologista a indicação de se submeter a uma salpingoclasia.[14]

Ficou pouco tempo na república e deu a guarda provisória da criança para uma amiga da família. Mudou-se com um novo companheiro para uma casa em bairro próximo à moradia da filha. Visitou-a algumas vezes e me disse que estava tranquila porque a filha está bem cuidada. Chegou a ser convocada pelo Juizado da Infância e da Adolescência em resposta a sua demanda de retomada da guarda de sua filha, entretanto, na iminência desses encontros com a lei, foi tomada de uma ambivalência quanto ao desejo, entrou em crise de agitação, amnésia, perdeu documentos, brigou com o companheiro de ocasião, ao mesmo tempo que se queixou da amiga que não lhe queria devolver a criança. Em 2010, perdeu a guarda definitiva da filha e, no ano seguinte, o companheiro foi vítima de um atropelamento, vindo a óbito.

Em consulta recente, falou que conseguiu uma "Bolsa Família", recurso do governo oferecido para famílias em situação de risco e estendido às pessoas com trajetória de rua. Ainda que esse recurso lhe traga certo apaziguamento, ele não é suficiente para sua subsistência e nem tampouco para que ela se sinta digna de se aproximar de seus outros filhos. Fala das características físicas, das diferenças de gênio e a idade atual de cada um deles, mas tanto a visita aos que estão sob a guarda dos avós paternos quanto à filha que foi adotada pela amiga continuam adiadas.

Do pai essa mulher não guarda nenhuma lembrança. Sabe que ele afastou-se da família, quando da morte de sua mãe, quando ela tinha 4 anos. Lembra-se do que essa mãe lhe dizia um pouco antes de sua morte: "Você não é mais minha filha, sua mãe agora é outra". Essa outra é sua tia, irmã de sua mãe, que "não me registrou e nem permitiu que eu a chamasse de mãe". E que, por ocasião de sua primeira gravidez, disse-lhe: "você é uma perdida". Isso nos faz escutar algo de um ponto de gozo

[14] Salpingoclasia: método definitivo feminino de extração da salpingue uterina, que impede a fecundação.

que gravita em torno desse caso, o qual, como o de Joana, toca em algo da devastação que pode ocorrer na relação entre a mãe e a filha, e que, nesse caso, desdobrou-se entre Carmem e a tia, nos termos de Freud e Lacan, e a foraclusão do nome-do-pai que retorna no real para essa mulher, quando convocada para ocupar o lugar do materno.

Como disse Lacan (1932), "o psicótico não é em absoluto um sujeito sem razão". Razões de estrutura, podemos dizer, tem de sobra essa mulher, para quem as significações apresentam-se repetitivamente estanques em relação a qualquer dialética intersubjetiva. Isso porque lhe falta o significante primordial, por meio do qual o sujeito poderia orientar-se e localizar-se num dos campos da sexuação. Nesse mapa subjetivo, de significantes lançados sem amarração, essa mulher ainda encontra alguma coisa que assinala para ela um lugar. O da paixão pelos homens que sempre se vão e o de "nêga", o significante da voz, bússola de sua posição na estrutura de linguagem na psicose.

Jean Allouch vai localizar a questão dos estados puerperais clinicamente manifestos que parecem serem desencadeantes em algumas psicoses, em sua leitura do caso conduzido por Lacan em 1932, no livro *Marguerite ou A Aimée de Lacan*. O autor diz que Lacan encontra na gravidez de Aimée a necessidade de certa rebelião contra a maternidade e que "[...] não é enquanto tal que a maternidade é tomada à parte pela psicose, mas como signo demasiadamente manifesto do envolvimento de uma mulher na sua sexualidade" (ALLOUCH, 2005, p. 240).

Ainda que, com "o benefício" de Bolsa Família, essa mulher acredite em algum momento que seja finalmente digna de se apresentar aos filhos como mãe biológica e até causar-lhes uma boa impressão, em outro nos diz: "não tenho agrados para levar para eles". O agrado dos significantes que a autorizaria a sustentar esse lugar. Em uma consulta, considerei a possibilidade de introdução de uma orientação do gozo dessa paciente, por meio de um dizer que poderia fazer uma báscula entre os significantes que ela porta, o da derrisão da mãe, e o vazio de significação do nome-do-pai. Assinalar para ela outro jeito possível para escutar o que sua mãe lhe falou pouco antes de sua morte, deixando-a aos cuidados da tia. Atitude materna que poderia ser considerada um dom de amor e de cuidados, em vez de derrisão. E que, ainda que ela não tenha conhecido o pai, o seu nome consta em seu registro de nascimento. Um dizer que pudesse fazer frente à ausência de uma nomeação "registro" no simbólico e ao que ela escutou da mãe e repete com a destituição do lugar materno, que a deixou à deriva de significação.

Com o declínio do lugar do Outro primordial sem o significante do signo do amor, "o dom daquilo que não se tem" (LACAN, 1956-1957/1995, p. 142), como pode uma mulher transmitir, reconhecer-se enquanto tal e acolher um filho do lugar que seria o materno?

Alguns elementos ela pôde agregar: o ser mulher a partir da sedução pela via do "amor", na figura do homem amado, ali onde faltou um endereçamento ao nome-do-pai. Ou, como diz Eric Laurent a propósito de um caso conduzido por ele, onde faltou o que ele chama de "representantes impossíveis do pai, segundo Freud. Um chamado de socorro a um pai, a algo que faça as vezes de função paterna, com diz Lacan, não encontra destinatário, diante do que ela não pode senão repetir-se" (LAURENT, 2006, p. 137).

Algo que ela tenta encontrar em seus ensaios do feminino na psicose é o ser mulher pela via do "amor mortificado" pelos companheiros cuja escolha se repete quanto aos que morrem de forma trágica. Tendo, por isso, de deixar os filhos aos cuidados de outrem ou em uma instituição.

Ainda que ela busque recursos que lhe facultem o exercício do materno, assim que encontra um novo amor, essa busca se interrompe. A verdadeira consistência de seu ser, o que é da ordem de uma suplência na psicose, não é pela via da maternidade que essa mulher encontra. Aí, ela está mais como as "poedeiras" de Lacan. A consistência de seu "falasser", ela encontra-a pela via amorosa e, dessa forma, descobre certa estabilização e até mesmo um distanciamento da clínica, para onde retorna somente quando essa estabilização vacila. Também por outras vias, pelas bordas fora da transferência, enquanto o amor não vem, a drogadicção.

À devastação que escutamos ter ocorrido nesse caso, na relação entre mãe e filha, onde o significante materno é transportado para outrem que não lhe imprime substância, sobrepõe-se a foraclusão do nome-do-pai. Foraclusão que passa a agir sobre o predicado que orienta o sujeito na estrutura. Falta "um registro", uma palavra, um significante que faria o giro do eixo imaginário para o eixo simbólico, fazendo vacilar o eixo especular, no qual ela restou cativa. Surge, então, na paciente, um sentimento de estranheza de si mesma, a partir da voz que ela escuta e a nomeia *nêga*. Voz que lhe dá o sentido de exclusão e lança-a para fora, de casa para as ruas. Essa voz que a torna indigna e a uma distância calculada de seus filhos.

O psicanalista Nestor Torralbas (2005), em seu texto "Tecido do fora", diz-nos que:

> [...] o sujeito psicótico recebe sua mensagem de forma direta de um outro, voz que petrifica, imã de amargura. A realidade, constituída de sensações e percepções, vocifera, critica, desilude. A estrutura lhe fala. Um significante qualquer é realmente escutado no real e é a própria mensagem do sujeito que se encontra sob os efeitos das palavras impostas pelo Outro. A captura pelo duplo no imaginário é correlativa ao discurso permanente. Sua estrutura própria é significante. (TORRALBAS, 2005, p. 107)

Esse psicanalista ainda se pergunta se aquele que recebe os significantes que lhe retornam do real pode chegar a alguma amarração entre o que relata e o que ouve? Tomando como referência o caso Scherber, lembra-nos que esse magistrado não recuou diante de sua psicose e fez réplicas às frases interrompidas, fez ato psíquico, fez *sinthoma.* Isso parece estar ainda distante para a nossa paciente que quer curar-se dos ditames do Outro do seu gozo – *nêga* – e não encontra, por isso, condição para tornar-se digna de apresentar-se à sua prole e ao mundo. Da vivência da nostalgia do nome-do-pai, "se eu tivesse sido registrada", podemos escutar que diz respeito à vivência de uma falha íntima, acompanhada de uma "virulização", de um dilaceramento no próprio corpo da linguagem, preparado pela cena trágica de devastação que se instalou na relação entre mãe e filha.

Colette Soler (1991) cita o caso de uma paciente de Lacan que evoca em sua fala a existência de uma espécie de morte subjetiva: "Eu não existo, flutuo ou durmo, sou uma pura ausência, não tenho papéis, não tenho funções, o que sou?". Nesse caso, diz a psicanalista, não se trata da indeterminação subjetiva do neurótico. Quando a paciente diz a Lacan que é assim porque "não me deram a luz", faltou-lhe a luz de um significante. Ali, onde "não ouve registro", para Carmem pode-se reconhecer o que o psicótico Jean-Jacques Rousseau chamou de "vazio inexplicável", e que o Dr. Schreber chamou de "assassinato de almas", para nomear essa desordem provocada na articulação mais íntima do sentimento da vida, instalada no sujeito psicótico, pela falha do significante.

O que não impede as tentativas fracassadas de nossa paciente de tentar fazer laço com os significantes soltos que recolheu no campo do Outro, da cultura de preconceitos de cor, da pouca provisão materna. Na tentativa de tornar-se mulher e tomar seus filhos como seus verdadeiramente. Há momentos inclusive que ela mesma se surpreende com sua história de repetição, principalmente na forma trágica das perdas de amor, e tenta, sem sucesso, uma mudança de posição. Diferentemente do Dr. Schreber, que pôde encontrar um ponto decisivo em que o sujeito pode se responsabilizar pelo seu drama.

No caso do magistrado Schreber, uma borda, fora transferência, pode ser construída por ele depois da circunscrição de seu delírio, borda pela escrita, que consegue fazer cessar a interdição que pesava sobre seus ombros e contribuir no restabelecimento de seus direitos civis, inclusive sem o repúdio de seu conteúdo, tornado público, na forma de manuscritos.

No caso de nossa paciente, o lugar do analista aí é o de anteparo, que gira do eixo imaginário ao eixo simbólico, no esquema L, de Lacan, intervindo com a palavra nas vias mortíferas do eixo especular. Na clínica trouxemos a ela um suporte – o da presença do analista quando ela o convoca. Outros anteparos são oferecidos a partir da "construção do caso clínico" (VIGANÒ, 1999) em equipe. Construção essa que exige o enlaçamento de uma rede de atenção intersetorial: o CRT (Centro de Referência de Doenças Sexualmente Transmissíveis) com sua equipe de infectologistas, o CMT (Centro Mineiro de Toxicomania), o psiquiatra da equipe de Saúde Mental da UBS, a assistência social encarregada de buscar o resto que sobrou de sua fratria, e a equipe de saúde da família, com destaque para a educadora social de rua, convocada a visitá-la semanalmente em sua moradia. O próprio dispositivo da clínica, lugar do funcionamento significante do exercício da fala, na expectativa de que algo aí possa ser escutado e tenha efeito de barra, dessa invasão de gozo mortífero. E é o que temos conseguido na condução deste caso em que a maternidade, até o momento, só pôde ser exercida pelas lembranças e a uma distância calculada.

Impossível não nos reportarmos para a escuta deste caso a outro momento do trabalho de Lacan, no Seminário 3, sobre as psicoses. Quando ele trabalha os elementos de uma frase enigmática que veio de uma de suas pacientes: "eu venho do salsicheiro", seguida de uma palavra quase inaudível – "Porca" (LACAN, 1955-56, p. 64), a propósito do significante alusivo de uma injúria e que não faz cadeia – "nêga" –, ouvido pela nossa paciente.

No retorno do real na psicose, um ponto de certeza inquestionável se impõe: a presença desse "objeto voz" que não constitui falsa percepção e pertence ao verbo, tal como nos adverte Lacan. Presença da estrutura significante que não se reduz nem aos órgãos de sentido, nem ao *sensorium*, ainda que tentativa de estabilização, de conter o gozo insuportável. "Na alucinação verbal a cadeia significante se impõe por si ao sujeito em sua dimensão de voz" (LACAN, 1957-1958, p. 515). Sem intervalo entre a alucinação verbal, ou seja, a voz e o próprio sujeito, resta este último possuído, habitado e lacerado pela linguagem.

Nesse caso, ainda que o esforço institucional seja visível, o trabalho empreendido pela equipe no sentido da sustentação do que estamos chamando de uma "maternidade assistida e maternidade compartilhada" (quando a instituição e (ou) o grupo familiar se apresentam para costurar algo no vazio de existência que se instala para um sujeito), ainda não encontrou ressonâncias.

5.3.2 Caso Rosa Maria

Trata-se de uma mulher que desde a pequena infância, precisamente dos 5 aos 18 anos, viveu em instituições públicas ou filantrópicas de abrigamento. Aos 32 anos chegou à unidade de saúde e falou de sua grande dificuldade de manter-se junto aos filhos. Sua mãe separou-se do marido e foi morar com ela e um irmão já falecido, primeiro nas ruas da pequena cidade onde nasceu e, posteriormente, na capital. Essa paciente relatou que até essa idade tentou manter-se perto da mãe, que a espancava constantemente. Disse que essa mãe não se furtava a esses atos de violência mesmo quando ia visitá-la na Febem. Mais tarde foi encontrada na rua, já com três filhos pequenos, por uma educadora social de rua, que acompanhou o abrigamento provisório de seus filhos e encaminhou-a para uma "Bolsa Moradia".[15]

[15] Recurso implementado pelo poder público no município de Belo Horizonte para pessoas vítimas de desabamentos de suas residências e estendidas para algumas pessoas em situação de rua na década de 90.

Nos primeiros anos de atendimento na unidade, Rosa Maria apresentava uma agressividade difícil de contenção. Agredia com palavras os técnicos da unidade de saúde e a guarda municipal, ameaçava com faca pessoas nas ruas e nas instituições de assistência social, com as quais mantêm até hoje um vínculo reivindicativo. Queixava-se do afastamento por determinação judicial de seus três filhos, uma menina de 10 anos, um menino de 8 anos e um bebê de um ano. Ter mais um filho foi a solução que sustentou durante um tempo, como forma de suprir a falta dos que lhe foram tomados.

Da filha mais velha Rosa Maria tinha muita dificuldade de se aproximar. Dizia que a filha parecia não gostar dela, não aceitava as bonecas que lhe dava, mantendo-se distante da mãe nos dias de visita no abrigo. Acredita que sua dificuldade em se aproximar dessa filha pode ter a ver com o fato de ela ter sido "filha de um estupro" e não de seu desejo. Já o filho de 8 anos sempre lhe permitiu certa aproximação. Nos dias em que antecedia a essas visitas, vinha muito angustiada às sessões. Temia não saber o que dizer a esse filho e tinha receio de que ele a rejeitasse, como a mãe o fez. Chegamos a fazer alguns atendimentos mãe-filho, mas esses atendimentos eram interrompidos com as fugas da criança da casa da mãe ou do abrigo. Pouca distinção havia entre a mãe e a criança nesse relacionamento. Considerávamos que algo se apresentava nessa relação que levava mãe e criança a se afastarem um do outro. Algo marcado por um transitivismo, uma relação de espelhamento difícil para um e outro suportar.

Entrementes, uma relação entre mãe e filho com o suporte dos órgãos de atenção, ainda que intermitente, tem sido construída. Muitas vezes, essa criança fugiu, e ainda foge da casa da mãe, que imediatamente põe em seu encalço os órgãos de proteção. Não sem dificuldades essa mulher esforça-se em oferecer a esse agora adolescente os agrados que entende serem importantes na sustentação de seu lugar materno. Brinquedos, computador, internet, saídas para fazerem lanche, conversar. E é quando ela vê também a oportunidade de educá-lo.

Relevante é o fato de Rosa Maria, diferentemente de Carmem, ter conseguido manter-se na casa conquistada por meio do Programa Bolsa Moradia. E também administrar, ainda que com dificuldades, o Benefício da Previdência Social, ao qual também teve acesso. Todo esse empenho a fez, e a faz, em nome do "desejo de ser uma boa mãe", agora apenas do filho que lhe restou próximo. A agressividade que apresentava na unidade, no Centro de Convivência[16] e setores da assistência social, quando suas demandas não eram respondidas de imediato, já não se apresentam com a contundência dos primeiros anos de tratamento.

Do bebê, Rosa Maria perdeu a guarda, sem o seu consentimento, no primeiro ano de atendimento na unidade de saúde. A filha saiu do abrigo ao completar 18 anos sem deixar rastros. Durante os últimos 8 anos, sustentamos sua escuta na clínica e uma interlocução com setores da assistência social que a acompanha no cuidado com a casa, com a administração financeira, a qualificação profissional e educacional. Rosa Maria tem valorizado no seu tratamento os momentos que ela chama de preparação dos encontros, ainda que intermitentes, com seu filho. Seja em sua casa, seja no abrigo, seja em programas sociais para a juventude, lugares por onde esse adolescente nômade (como sua avó e mãe foram outrora) hoje transita.

Podemos finalmente pensar que para Rosa Maria e Carmem, além da devastação, colocam-se alguns elementos que Lacan trabalhou em sua *Nota sobre a criança* (LACAN, 1969). Quando ele introduz um comentário sobre o fracasso das "utopias comunitárias" (LACAN, 1969, p. 373), destacando a função de resíduo exercida e ao mesmo tempo mantida pela família conjugal na evolução das sociedades e a irredutibilidade de uma transmissão. Na concepção elaborada por Lacan, o sintoma da criança acha-se em condições de responder ao que existe de sintomático na estrutura familiar, em que a transmissão é de outra ordem que não a vida, segundo as satisfações das necessidades, mas sim de uma constituição subjetiva, implicando a transmissão de um desejo que não seja anônimo.

O sintoma da criança, para Lacan, nessa nota, pode representar a verdade do par parental. Mas quando o sintoma que domina na criança é consequência da subjetividade da mãe, a articulação se reduz muito, de forma que ela responde como correlato da fantasia materna. A criança, nessa condição, torna-se objeto da mãe, restando-lhe a função de revelar a verdade desse objeto. Diz ainda Lacan que, se a distância entre a identificação ao "ideal do eu" e a parte que pertence ao desejo da mãe não têm mediação, aquela que normalmente assegura o nome-do-pai

[16] Unidade de artes e ofícios que compõe a rede de saúde mental do município.

deixa a criança aberta a todas as capturas fantasísticas e aí estamos no campo das psicoses.

É o que parece ter se colocado para Carmem e Rosa Maria, duas mulheres que buscam, uma pela via do "amor" e outra pela via da "maternidade", uma forma de realização, de sustentação subjetiva, a solução encontrada pela ausência de significação de que elas padecem.

5.4 Uma janela para Clara

Desde os primeiros atendimentos, Clara, uma mulher de 50 anos, optou por encontros mensais e sua fala, ao longo de dois anos, limitou-se às preocupações com uma obesidade crônica, desânimo e medo de sair de casa. Sua atividade principal era a de fazer tricô[17] de roupinhas de bebês. Perdeu os pais na adolescência, sendo a filha derradeira de uma prole extensa e de maioria masculina. Como era de costume em sua família, foi estudar em uma grande metrópole, chegando a trabalhar no setor de pediatria de um hospital infantil. Falou que passava a maior parte do tempo vendo "o mundo pela janela". Disse-lhe nesse encontro inaugural: "ao menos uma janela... ela tem".

Clara possui histórico de internações psiquiátricas desde os dezessete anos. Suas crises são esporádicas, porém, quando ocorrem, são muito fortes. É quando fica "sem vontade de viver".

Após um longo período de ausência, retornou, dizendo que passava o tempo "tecendo os fios de uma esperança."

Disse também sobre a existência de "um segredo", que gostaria de me contar: "Tive um filho aos 19 anos, que foi dado em adoção com o meu consentimento". Falou que nunca deixou de pensar nessa criança que teve nos braços uma única vez. E da vontade de saber de seu destino, com quem e como vive, e se está bem. Mas que tem muito medo de tocar nesse assunto em sua família.

[17] Nota de pé de página: *Dicionário de Francês-Português*. Lisboa: Porto Editora, 1979. *Tricot*: ponto de meia; vestuário; camisa de malha. Tricoter: trabalhar em malhas, tricotar; fazer meia; pop. andar muito depressa; fugir; tricoter. *Les côtes à*: ant. fig. estar sem recursos; pop. partir as costelas; dar uma sova a. *Côte*: encosta, declive; pendor. *Aller à la cote, faire cote*: andar de lado. *Être á la cote*: estar sem recursos.

O período de gravidez, passou-o ora trancada em seu quarto, ora internada em um hospital psiquiátrico. A irmã com quem morava se desdobrou, sem sucesso, na procura do pai da criança, um jovem de sua idade com o qual ela se envolveu. Seguindo orientação dos médicos do hospital psiquiátrico, ela e a família optaram pela sua adoção. Sua concordância quanto à adoção se deu pelo fato de ela se sentir insegura quanto às suas condições emocionais e financeiras para cuidar de uma criança.

No capítulo "A coisa melancólica" do livro *Psicose e laço social*, do psicanalista Antonio Quinet (2006), encontramos a melancolia, tanto quanto a paranoia e a esquizofrenia, situada no âmbito da foraclusão do nome-do-pai, que é a máxima lacaniana que funda esses tipos de afecções psíquicas, devendo ser por isso abordada "como um fenômeno da ordem da linguagem e dos fenômenos do gozo" (QUINET, 2006, p. 196).

Na neurose, a inscrição do nome-do-pai se realiza e o sujeito entra na linguagem, marcado por um menos, ou seja, marcado por uma perda de gozo que se impõe pela produção de significantes fálicos.

No entanto, não há limite para o gozo; pois ele não se deixa reduzir ao sexo, nem se aprisionar totalmente pelo significante fálico. E que, ao não se deixar apreender completamente, está sempre transbordando. Se na neurose temos o que poderíamos chamar de erupções de gozo, que pede tratamento pelo discurso, cria e faz laço social, na psicose, teríamos uma avalanche de gozo fora do discurso, sem amparo ou ponto de basta, que caracteriza a foraclusão do nome-do-pai. Aí será preciso buscar outros recursos, outros movimentos de contenção de gozo, outras costuras.

É possível que o trabalho de tecer roupinhas de bebês tenha sido o recurso, do qual se serviu essa mulher diante da perda de objeto. Ou como diz Lúcia Castelo Branco (2000), a propósito do trabalho de escritura poética de Clarice Lispector:

> Na tentativa de inventar um começo justamente pelo ponto, não o ponto final, mas o ponto de fuga – um ponto imaginário no infinito, para o qual convergem todas as linhas mestras – ou ponto de furo feito com agulha em qualquer tecido. (BRANCO, 2000, p. 20)

O ponto por ponto de um trabalho exímio e contínuo de tecelagem que lhe dá, num só enlace, corpo e dignidade, ao que de carne na vida se perdeu. Recurso que se reconhece advindo do campo da arte e que nos dá notícias das excêntricas operações de "tessitura" constitutivas do sujeito. "A construção de objetos, imagens e situações capazes de acender a centelha do sujeito", como diz Tania Rivera (2017), ativando a potência de sua participação no mundo.

Vimos, no capítulo 4 deste estudo, que a foraclusão é considerada por Lacan um mecanismo essencial e referência para a clínica. Uma condição preliminar a todo tratamento possível da psicose e que indica a não inclusão de um sujeito na norma edípica. Termo extraído por ele a partir de sua releitura dos textos de Freud que, derivado do francês *forclusion*, e do alemão *verwerfung*, diz o que está excluído do lado de dentro e retorna (como delírios e alucinações) do lado de fora.

Assim como na clínica da neurose, importa não só o recalque, mas sobretudo o retorno do recalcado, o invólucro do sintoma e outras formações do inconsciente, na clínica da psicose, o que interessa ao psicanalista é o retorno do foracluído. Aquilo que na realidade do sujeito emerge povoado por suas criações, coincidentes com a "interferência do inconsciente a céu aberto desse sujeito, que se dá na *polis* ao desarranjar os costumes e desacomodar os hábitos da ordem social" (QUINET, 2006, p. 47).

No inconsciente a céu aberto do psicótico, o que retorna do foracluído é um outro semelhante, sustentado pelo "imaginário", transformado em um grande Outro gozador. Outro sem lei e persecutório na paranoia, provocador de retração e descarrilamento, significante na esquizofrenia, ou um Outro que torna o melancólico indigno e culpado de sua ruína.

Os estudos deste psicanalista sobre o tema da melancolia partem das elaborações de Freud a partir do texto "Luto e melancolia" (FREUD, 1915-1917), que compreende as relações da melancolia com o luto e onde ele descreve as características dessa afecção psíquica. Descreve-a como uma depressão profundamente dolorosa, onde há uma suspensão do interesse pelo mundo externo – que, no caso de Clara, ela só pode partilhar por meio de uma janela. Brecha aberta para a presença da analista e pela qual pôde sustentar o seu tratamento.

Freud também identifica a melancolia a uma perda da capacidade de amar, à inibição de toda atividade e à diminuição da autoestima, manifestando-se em autoacusações e autoinjúrias, podendo chegar à espera delirante de punição. Não há em nossa paciente, como vimos, uma total diminuição de suas atividades. Ao menos, nessa distância que se interpõe entre ela e o mundo exterior, há uma janela para ver o mundo, a preservação do amor fraterno, "elevado à *philia* no sentido aristotélico" (MILLER, 2006, p. 10), e um trabalho de tecer carinhosamente no lugar da maternidade impedida.

Para Clara, seu sofrimento psíquico emergiu e aflorou ao que parece muito cedo, quando as questões da sexualidade na adolescência começaram a se anunciar e a gravidez na juventude só veio a confirmar. E imputa-lhe maior fragilidade no momento da decisão do destino da criança. O silêncio sobre a sexualidade, principalmente da mulher, imposto pela moral familiar do século XX, ao preço imaginário de um pertencimento, mostra bem a ausência de suportes simbólicos que podem impedir, para algumas delas, o confronto e até mesmo a sustentação tanto da condição de amadas/amantes, quanto da gravidez e do exercício da maternidade.

Vimos que Freud, para fazer uma distinção entre o luto e a melancolia em um primeiro momento, e a partir da psiquiatria clássica, salienta dois aspectos principais na melancolia: o da anestesia sexual e o da dor. Para ele, tanto no enlutado quanto no melancólico o que está em jogo é a dor de uma perda. Perda de um objeto ideal ou objeto significante de uma perda. Quando essa relação de objeto é abalada, algo se desencadeia, e no enlutado dá-se andamento ao trabalho de luto, que retira o investimento libidinal desse objeto e cria outro Ideal do eu. O desencadeamento da melancolia, por seu turno, é próximo ao desencadeamento do luto, que tem também como pano de fundo a perda de uma pessoa amada, ou uma abstração colocada em seu lugar – a pátria, a liberdade, etc.

Trata-se, em Freud, da perda de um objeto, colocado no lugar do eu ideal para um sujeito que poderia ser sustentado por alguém, ou um significante idealizado, ou ainda, como interpreta Quinet (1999), por um S1, significante mestre idealizado, que ocuparia o lugar de suplência à foraclusão do nome-do-pai. "É quando esse significante é perdido, ou é perdida a sua sustentação que a melancolia desencadeia" (QUINET, 1999, p. 132).

Freud diz ainda que, no melancólico, há uma identificação com o objeto perdido, o que acontece quando "a sombra do objeto cai sobre o eu" (FREUD, 1969 [1917], p. 281). Isso significa que na neurose o enlutado apresenta uma situação de perda evidente e entra em um trabalho de luto que Freud descreve como um trabalho que compreende várias etapas até o seu final, quando o sujeito consegue fazer uma substituição do "objeto" perdido. Já o melancólico que perde um ente querido entra só aparentemente no trabalho de luto, e pouco a pouco o quadro melancólico vai se instalando e evidenciando que não se trata de algo da ordem de uma perda que poderá ser simbolizada, uma vez que essa perda toca um ponto no sujeito que revela um "furo".

Importa ainda considerar os desdobramentos e transformações possíveis na melancolia: "é possível a autoacusação transformar-se em hetero-acusação, assim como é possível encontrarmos traços de perseguição próprias da paranóia, no melancólico" (QUINET, 1999, p. 151).

Na tentativa de estabelecer uma distinção entre a melancolia e a paranoia, a psicanalista Colette Soler (1999), em seu texto "Inocência paranóica e indignidade melancólica", recupera em Freud um elemento de oposição entre o melancólico e o paranoico: na melancolia o fenômeno é da ordem do afeto, enquanto na paranoia ele se encontra no âmbito do pensamento. A psicanalista, então, pergunta se a paranoização pode ser considerada na direção de tratamento de uma melancolia, tal como ocorre para a esquizofrenia. E é a solução que parece se colocar para alguns pacientes em suas análises. E também para Clara, que diante de pensamentos aflitivos e mortificantes que às vezes aparecem dirigidos à si mesma e à pessoas próximas, constrói recursos criativos de estabilização e apaziguamento.

Finalmente, esse caso permite-nos perguntar, para os fins deste estudo, que enlaça a pesquisa e clínica em psicanálise, se essa *maternidade*, caso a psiquiatria da época não se colocasse na posição que o filósofo Michel Foucault (1974-75) chamou de médico-jurídica, em seu livro *Os anormais*, e de sustentação dos cânones da moral científica e cultural, que concorreu para o afastamento sumário de uma criança de sua mãe, desde que "compartilhada por familiares e assistida por uma rede de serviços substitutiva aos hospitais psiquiátricos", e fundada em bases outras, conceituais, clínicas e políticas, poderia ter sido exercida. Trata-se de uma aposta na confecção junto com os pacientes e seus familiares, de uma "outra tessitura" na clínica que, no caso Joana e Rosa Maria, aqui estudados, pôde-se efetivar.

5.5 Maria, uma mãe religiosa

No início de 2010, uma assistente social de um Centro de Saúde solicitou acompanhamento de uma mulher de 38 anos, pelo fato de ela haver se mudado com seus quatro filhos menores de cinco anos da área de abrangência daquela unidade de atendimento. Essa mulher havia sido denunciada por vizinhos ao Conselho Tutelar, órgão ligado ao Juizado da Infância e Juventude do município, por negligência e maus tratos a essas crianças.

Consta, no relatório enviado pela assistente social, que vizinhos e familiares relataram que Maria vinha submetendo os filhos à prática de jejum, além de impedi-los de frequentar a escola. Em nome de sua missão de fé, andava pelas ruas de seu bairro expondo os filhos e entrando em atritos com os transeuntes que se recusavam à conversão religiosa. Durante a gravidez de seu último filho, consta ainda no relatório que Maria foi levada a um hospital psiquiátrico e posteriormente ao CERSAM, o qual, por sua vez, encaminhou-a ao Centro de Saúde. Não aceitou nenhum tipo de medicação, mas compareceu às consultas de pré-natal e planejamento familiar, até um dia antes do nascimento de seu último filho.

Trata-se de uma mulher que até a idade de 12 anos viveu em companhia da mãe, uma irmã de onze e um irmão de sete anos, em outro aglomerado na região central da cidade. Em visita domiciliar, sua irmã relatou-nos que, em sua infância, a mãe recebia homens em casa e passou por várias internações psiquiátricas. Nessas ocasiões, ela e a irmã iam com o irmão para as ruas até que encontraram um bando de "meninos de rua". Conheceram vários abrigos e uma casa de passagem para meninas da Secretaria Municipal de Assistência Social. Nesse percurso pelas ruas e instituições de proteção à infância e adolescência, faziam uso de drogas e cometiam furtos em lojas e a transeuntes. Por fim, um membro de um movimento social católico, denominado Pastoral de Rua, que as acompanhava deu-lhe a casa onde mora, e a irmã foi acolhida por uma igreja evangélica. Onde o Estado claudica, a religião comparece.

Em uma visita domiciliar, encontrei Maria em sua residência. Ajoelhada aos pés da cama com os filhos, escutava no rádio o início de um culto evangélico. Apresentei-me como profissional do Centro de Saúde, e ela se apressou em dizer que não necessitava de remédios que a deixam trêmula e desatenta para com as crianças. Disse ainda que a fé é sua redenção e que seus filhos não precisam de vacinas, pois Deus é quem cuida deles, e os cura dos males mundanos. E nem tampouco de escola, pois ela mesma os educa na palavra de Deus. Fala ainda que é casada e que recebe o marido uma vez por semana. Atribui a distância que se interpõe entre os dois ao fato da resistência do marido em escutar a palavra de Deus. Para ela, uma mulher só é digna e abençoada por Deus se for casada, se tem marido e filhos desse casamento. Dos quatro filhos que teve antes desse enlace ela não tem notícia, e considera-os frutos de uma vida "de pecado", ou seja, muito próxima da prostituição. Daí podermos escutar a coerência de sua indignação, quando, mais tarde, seus filhos pequenos são levados pelos órgãos de proteção: "Filho de prostituta vocês não tomam, né?".

Em uma segunda visita, negou, sem ser questionada, o fato de incluir os filhos em sua prática de jejum. Nessa visita, levei um saco de brinquedos para as crianças. O mais velho deles, um menino de cinco anos, interessou-se por letrinhas e bichinhos, e a de três anos, por minhas bijuterias. A mãe, por sua vez, interessou-se especialmente por um camelo, animal que diz aos filhos ter sido citado na Bíblia Sagrada. Ao cabo dessa visita, Maria identificou em mim "as insígnias do feminino". A transferência que se instala vem de sua declaração sobre a decisão de converter-me, sustentada por um salmo que ela extrai da Bíblia Sagrada sobre o juízo final: "é dito que a mulher que enfeita o corpo e se veste de homem tem o destino certo do inferno" (Pedro, 3:1.5) e Gênesis (35:1.5), que orienta no sentido de um despojamento da idolatria dos enfeites exteriores que evidencia e promove a reconsagração a Deus. Ovelha desgarrada torna-se a analista, objeto de sua atenção.

Mais duas visitas são realizadas, ocasiões em que Maria aceitou ser acompanhada ao supermercado, nas compras de alimentos para as crianças. Entretanto, a continuidade dessas visitas foi prejudicada por mais uma mudança de moradia. Essa mulher, nômade, transita rapidamente de uma moradia para outra, entrando e saindo do que chamamos em saúde pública de áreas de abrangências das unidades de saúde no contexto do território. A necessidade dessas mudanças ocorre sempre que algo desencadeia uma produção delirante, algo que se interpõe entre ela e a sua crença religiosa. Um "gato" na rede elétrica feito pelo locatário é motivo suficiente para seu desconforto e mudança intempestiva. Mudanças que dificultam o deslocamento das equipes de saúde das unidades básicas (UBS), no que tange a sua responsabilização.

Na verdade, trata-se de um caso que literalmente "fura" a organização da rede de assistência, no território de sua abrangência. Desse modo, ela mantém certa distância do Outro suspeito e perseguidor, e firme em seu compromisso com o "Deus" de sua proteção. Ainda assim foi possível, por certo tempo, a manutenção de uma proximidade cautelosa e sucesso na formulação de acordos com relação ao cuidado (alimentação correta e vacinação) das crianças.

Entrementes, os esforços, ora de uma equipe de saúde, ora de outra, foram interrompidos por uma intervenção unilateral do Conselho de Defesa e dos Direitos da Infância e Adolescência, por meio do Conselho Tutelar, que separou mãe e filhos, levando-os para um abrigo, e a mãe, à exacerbação de sua peregrinação. Proibida de visitação aos filhos, Maria passou a questionar de forma incisiva a ação dos agentes do governo em suas pregações religiosas, agora ampliada pelas ruas da cidade.

Morano (2003), um estudioso das religiões e leitor de Freud, em seu livro *Crer depois de Freud*, retoma vários escritos de Freud sobre o tema da religião. Considera que Freud inicialmente lança mão de dois modelos hermenêuticos básicos para sua interpretação do fato religioso, a neurose e o sonho. O tema da religião aparece pela primeira vez em seus "Estudos sobre Histeria", de 1895, em que ele opõe perversão da vontade e desejo inconsciente quando um querer inconsciente proveniente do recalcado impõe-se ao querer e à vontade consciente do sujeito.

Para Freud (1905), o recalcamento empreendido com o auxílio da experiência religiosa na neurose permanece necessitando dessa experiência para manter o jugo sobre o desejo recalcado que, entrementes, não perde sua tendência à livre expressão. Assim, "a religiosidade aparece em Freud como um importante oponente no mundo dos desejos e pulsões e consequentemente como um fator que muitas vezes desempenha um papel decisivo na causalidade das neuroses" (MORANO, 2003, p. 35).

Segundo Morano (2003), será na neurose obsessiva que Freud encontrará a chave interpretativa para uma análise do fato religioso e campo fértil para a investigação do inconsciente. Diferentemente da neurose histérica, a neurose obsessiva aos olhos de Freud apresentar-se-á como um tipo de linguagem muito semelhante à linguagem dos fenômenos culturais. Observada a semelhança entre a neurose obsessiva e as formações culturais, a prática religiosa passa a ocupar para ele um lugar paradigmático. "Nessa perspectiva, a neurose obsessiva revela-se em surpreendente analogia com as práticas religiosas" (MORANO, 2003, p. 36).

Freud (1909), no texto "Notas sobre um caso de neurose obsessiva", chega a considerar a religião "uma neurose obsessiva universal". Em vez de fator de oposição às pulsões encontradas na neurose histérica, na neurose obsessiva e na religiosidade, Freud encontrará uma expressão camuflada da própria pulsão recalcada aliada a um sentimento de culpa. Assim, desejo e proibição selam um pacto formulado à revelia do sujeito alienado no sentido de sua conduta. Na neurose obsessiva, a conduta religiosa apresenta-se efetivamente em seu caráter de formação de compromisso, ou seja, como pacto estabelecido entre a pulsão de um lado e a proibição de satisfação pulsional de outro. Religião e neurose obsessiva configuram-se, portanto, como saídas, como recurso do sujeito em sua tentativa de domínio das pulsões, de tratamento do recalcado, de construção defensiva frente à falta de resposta ao real de sua incompletude.

No Ensaio sobre "Atos obsessivos e práticas religiosas", Freud (1907) faz novamente uma analogia entre os cerimoniais religiosos e obsessivos. Nomeia a neurose obsessiva como uma religião individual, e a religião como vimos uma neurose universal. No texto "Sobre o narcisismo" (1914), ele chega a visualizar entre esses dois discursos bem mais que uma analogia e encontra aí o estabelecimento de uma identidade de origem entre a neurose e a religião, as duas calcadas na categoria antropológica e universal do Édipo. Em *Totem e Tabu*, (1913), obra considerada chave no que concerne ao tema da religião, ele postula o conflito edipiano como fonte comum do conflito neurótico e da cultura. Aí ele encontra a figura do pai, elevado à categoria de Deus. Será justamente no hiato deixado pela morte do pai mítico de *Totem e Tabu* que Freud encontrará lugar para a religião.

Morano (2003) sustenta que delírios e alucinações encontram amplo espaço no seio das religiões, apesar dos limites que a própria instituição religiosa tenta impor a essas manifestações. Ele lembra que Freud alude, nesse sentido, aos inúmeros casos de santas, freiras e mulheres, como Katharina Emmerick, freira, beatificada pelo papa João Paulo II em 2004, que exemplificam o desejo descontrolado que rompe as barreiras do mundo exterior para impor ao sujeito um gozo sem nenhum tipo de contenção. A religião lhes brinda com essa oportunidade (MORANO, 2003, p. 62). Importante lembrar, no que diz respeito à psicose, que Freud reporta-se também à criação delirante circunscrita ao sistema religioso, que produziu o magistrado Schreber, como uma tentativa de tratamento da angústia que o acometia.

Freud chega a comparar, no texto "O futuro de uma ilusão" de (1927), os dogmas religiosos como "algo inverossímil e afastado das duras condições da realidade, a ideias delirantes, ainda que não exista critério de distinção entre ilusão e delírio" (MORANO, 2003, p. 62). No texto "Grande é Diana dos efésios" (1915), Freud considera que a suspeita de delírio deverá exercer-se tanto quanto maior for a participação detectável dos antigos desejos infantis e quanto maior for a distância observável entre o conteúdo da expectativa e as condições da realidade. Freud sustenta ainda que a religião é uma tentativa pretensiosa de dar um sentido para a existência do sujeito ao preço de uma "deformação delirante da realidade" (MORANO, 2003, p. 63), o que não é privilégio dos psicóticos.

Um texto da psicanalista Stella Jimenez (1998) vai nos servir de interlocução para o que se segue sobre o pensamento de Lacan acerca da religião. No artigo que nomeia "Algumas provas da ex-sistência de Deus", ela declara que os analistas de hoje, diferentemente dos antigos, já não questionam a ex-sistência de Deus, mas se perguntam sobre o que é aquilo que "é", e que, quando fala, diz "eu sou o que sou"? Ao que Freud responde: é o pai. E para Lacan, "Deus e os deuses são do campo do real" (JIMENEZ, 1998, p. 21).

Isso quer dizer que, na experiência humana, tanto o pai quanto Deus, ou os deuses, surgem no âmago do inefável, ou seja, do não falável, e são maneiras diferentes de presentificação do objeto pequeno "a" e que, como tal, apresentam-se nos registros do simbólico, do real e do imaginário.

Portanto, em Lacan vamos encontrar a religião como uma tentativa de amarração entre esses três registros de organização psíquica dos sujeitos no campo da linguagem, no campo do laço social. O que pode ir bem ao caso das neuroses e suficiente no campo das psicoses, como foi para Schreber com o seu sistema delirante religioso. No caso de Maria, em sua postura religiosa extremada, parece se realizar, ainda que de forma precária, uma amarração, mas com a prevalência do registro do real.

Nessa aderência completa a esse "Deus Pai" protetor por um lado, mas louco e despótico por outro, essa mulher encontra-se ao mesmo tempo que se perde. Encontra-se na medida em que se reconhece no mundo como sua serva e semeeira. Mas se perde na exacerbação – deslizamento metonímico – desse discurso em sua tentativa de apaziguamento, de contenção do feminino. De barreira ao gozo do que excede na mulher e, com ele, algum nível de laço social.

Em uma discussão com um passageiro de ônibus que a provoca, ela faz uso do discurso fundamentalista religioso, rechaçando o que lhe é insuportável com a fórmula: "Sai capeta!", demonizando, assim, o mundo como estratégia de afastar o mal, do Outro do gozo maléfico, do Outro invasor e perseguidor.

A questão da existência de Deus, ou dos deuses, é certamente aquela que sintetiza todas as outras questões que concernem ao ser falante: "Quem sou, para que estou aqui, o que é a morte, o sentido da existência, o que é um homem, o que é uma mulher, o que é um pai, etc." (JIMENEZ, 1998, p. 30). São as perguntas que o simbólico abre, mas não consegue fechar, e que restam como mistério consentido na neurose e como verdade inquestionável em algumas psicoses.

Retomando a escuta do caso dessa paciente praticante e membro da igreja "Deus é Amor", poderíamos pensar numa tentativa de estabilização, na psicose, que se sustenta na religião, enquanto tentativa de cura, de apaziguamento, de tratamento do real de um gozo sem limites e que atormenta. Assim, a religião comparece e se coloca como uma tentativa de amarração ao nome-do-pai, ainda que de forma precária – desde que, nesse caso, o simbolismo religioso prevaleça, exacerbando-se ao simbólico – dando margem a uma inconsistência na estabilização e prevalência de um real de gozo metonímico infindo.

As perguntas que Maria se faz, e que o simbólico não dá conta de responder, giram em torno da questão do sentido da existência sobre a maternidade – como ser mãe? – sobre o feminino – o que é uma mulher?. Perguntas a que ela responde, sustentando-se no tema místico/religioso em que o nome-do-pai foracluído dá lugar ao nome-de-deus, como arranjo estabilizador, no âmago de uma falta de resposta.

Para os neuróticos, Deus pode ser o nome-do-pai e do mistério, convocado a todo o momento em que se apresenta para ele o inefável de sua existência. A religião, para os psicóticos, "pode ser o ponto de basta que detenha a metonímia infinita que se produz pela foraclusão desse nome" (JIMENEZ, 1998, p. 30).

Desde os primeiros seminários, Lacan percebeu uma estreita relação de Deus com a lei que rege o ser falante, entretanto seu modo de pensar essa relação, seu *status*, seu registro mudaram ao longo de seu percurso. No seminário sobre a psicose (1955-56), ele diferencia um Deus que engana, na psicose, de um Deus que não engana, que é o Deus do neurótico, extraído do Cogito Cartesiano.

Nesse momento de seu percurso teórico, Lacan teoriza Deus como um dos nomes do Outro, pensado como tesouro dos significantes, como o lugar onde se sabe a verdade, onde se inscreve o destino do vivente humano. Onde a lei dos significantes funciona, a partir da lei da castração e da função fálica, Deus é vivenciado como confiável, e, onde ela não funciona, ele acaba por ser vivenciado como enganador, insensato e caprichoso. O "Deus fora da lei" dos psicóticos.

Lacan assinala que a forma de falar com Deus denuncia a relação que o sujeito tem com a lei dos significantes. Na neurose, o Deus seria aquele da lei, que garante que o significante funcione. Já na psicose, como a lei dos significantes está foracluída, o Deus suprido pelo delírio é um Deus sem lei, tirânico e louco, que acaba por submeter a seus mandos, nesse caso, tanto a mãe quanto os seus rebentos.

Foi pensando em Deus, diz a psicanalista Stella Jimenez, que Lacan, ao final do seminário sobre a psicose, chegou ao conceito de nome-do-pai, que, nesse momento de suas elaborações teóricas, é sinônimo da lei do significante. No Seminário 4, *A relação de objeto*, Lacan faz, também, uma equivalência direta entre Deus e a lei dos significantes e institui o nome-do-pai como o elemento mediador essencial do mundo simbólico e de sua estruturação. Assim temos que: o nome-do-pai é essencial a toda articulação da linguagem humana, e é a razão pela qual ele se reporta ao Eclesiastes quando o insensato diz em seu coração que Deus não existe. Isto é, ele diz em seu coração por não poder dizê-lo em sua boca, afirma Lacan no Seminário "A relação de objeto". E sustenta que, falando propriamente, "é insensato dizer em seu coração que não há Deus, simplesmente porque é insensato dizer uma coisa contraditória à articulação mesma da linguagem" (LACAN, 2005, p. 374). O menino Hans, escutado por Freud, porque não é um insensato, atribui ao psicanalista a faculdade de tudo ver e tudo poder, inclusive apaziguá-lo, em seu favor de filho às voltas com a castração e com a insipiência de seu pai real, para lançar-lhe a lâmina de seu corte.

Francois Regnault (1985), em seu livro *Dios es inconsciente*, recupera os escritos de Lacan para dizer que em psicanálise o sujeito não funciona sem o Outro da linguagem: A condição do sujeito S (neurose ou psicose) depende do que sucede no Outro. Para a psicanálise, "Deus como lugar do Outro é também um nome-do-pai, que inclusive é atestado pela religião" (REGNAULT, 1985, p. 40).

No Seminário 7, *A ética da psicanálise* (1959-1960), Jimenez encontra um Lacan tratando de um Deus que mostra mais ainda a sua essência de significante porque está morto. E é justamente por ele estar morto, (o pai de *Totem e Tabu* de Freud) que a lei existe. No Seminário 8, *A transferência* (1960-1961), as religiões já aparecem como formas de domesticação dos deuses que pertencem no campo do real, como modos de revelação desse registro.

No Seminário 11, *Os quatro conceitos fundamentais da psicanálise* (1964), Lacan retoma esse tema a partir da contestação de uma permissividade, encontrada no romance *Os Irmãos Karamazov*, de Dostoievski, trabalhado por Freud. Se Deus está morto, tudo é permitido. Para Lacan, nesse seminário, se Deus está morto, nada é permitido. Assim, conclui que a verdadeira fórmula do ateísmo é "Deus é inconsciente" (LACAN, 1979, p. 60). Esse postulado vai aparecer a partir do conceito de inconsciente que perde o caráter predominantemente simbólico dos primeiros anos de seu ensino e passa a ser definido como conceito de falta, antecipando a definição de inconsciente que surge no Seminário 22, *RSI* (1973-1974), quando o inconsciente passa a ser considerado como algo do real afligido pelo simbólico.

Se Deus é inconsciente, aquilo que do real toca o simbólico e do qual o neurótico lança mão na sustentação dos mistérios da vida, na psicose, podemos pensar a partir do caso clínico que ora nos ocupa, a existência de um "inconsciente a céu aberto", que lança, em nome-de-deus/pai, essa mulher mártir penitente e a seus filhos, por um lado, no encalço de sua proteção e subserviência e, por outro, numa "enxurrada de gozo" e prejuízo no que tange aos laços sociais e de direitos.

Podemos pensar que a religião para essa mulher funciona como uma tentativa de suplência a esse nome-do-pai, que não se inscreveu. Assim, ela arranja-se, colocando-se a si e a seus filhos a serviço e sob o manto de Deus. É importante observar que, embora haja relatos de negligência e jejum forçado, imputado a esses filhos, nenhum deles apresentou indícios de desnutrição nos exames clínicos realizados. E que, entre um naco de pão distribuído com parcimônia, e as orações de louvor e penitência, os cuidados maternos se exerciam e essa família monogâmica e nômade se arranjava.

No caso dessa mãe religiosa, o suporte que estamos chamando de "maternidade compartilhada" não foi possível de sustentar, dada a distância que sua religiosidade exacerbada colocou entre ela, seus familiares e a comunidade de origem. E nem tampouco o de "maternidade assistida", dada a precariedade das condições materiais dessa mãe, associada à solução nômade que ela inventou para tratar de seu sofrimento. A modalidade de atenção no território que essa mulher não considera e atravessa foi o maior impedimento que as equipes de Saúde Mental e de Saúde da Família encontraram, para a construção de um projeto terapêutico único e para a condução de um caso que, é importante ressaltar, faz furo no conceito de território, caro à saúde pública e coletiva.

Esse caso leva-nos ainda a pensar que lugar de analista e que trabalho em equipe pode ser construído para e com um sujeito que se coloca na posição de tudo saber quanto ao cuidado de seus filhos, contra as leis da cidade e da responsabilidade como uma Antígona da periferia, que, por essa insurgência do gozo, acaba por expor a si e aos filhos à perda do pátrio/mátrio poder. E também na possibilidade de invenção de algum tipo de suporte institucional ao exercício da maternidade, para mulheres psicóticas que pudesse evitar a perda definitiva dos filhos por determinação dos órgãos de proteção à infância.

Considerações finais

Neste estudo, fizemos um percurso que se iniciou com a interlocução dos saberes produzidos em diversas áreas do conhecimento, na perspectiva de localizar o lugar da mulher ao longo das épocas para, a seguir, adentrarmos no campo da psicanálise propriamente dita, estabelecendo uma interlocução que se iniciou com Freud, depois com Lacan e outros autores de orientação psicanalítica, que se debruçam em torno da questão da mulher, da maternidade e do feminino.

Em Freud, encontramos o que ele nomeia incompletude na mulher e uma organização libidinal simbolizada e limitada pelo falo. A mulher surgiria a partir de uma contingência, quando Freud se apoia na maternidade na medida em que ele supõe uma mulher que existiria não de imediato ao nascer, mas no momento em que a menina torna-se mulher. Em Lacan, essa incompletude é tomada como inconsistência, que designa, para o campo do feminino, na estrutura lógica da partição sexual, um espaço não todo submetido à dimensão fálica. Espaço esse que se estende para além dessa ordenação, facultando à mulher um *plus* de gozo, que abre para ela um infinito de possibilidades de se fazer mulher. Uma mulher, portanto, avessa à universalização tem que se inventar, uma a uma. É frente a essa inconsistência, que lhe impõe a condição de não ser toda regida pela lógica fálica, que a mulher poderá se colocar de uma forma singular no campo do vivo sexuado. E será assim que poderá se colocar para além da mãe freudiana, do dever de ensinar o filho a amar, e da criança como emblema último da feminilidade. Vimos com Lacan que a mulher não se confunde com a mãe. E poderá se colocar como mãe, por seu dom de amor ou por seu ódio na devastação, desde uma posição masculina ou feminina, como um empuxe a toda-mãe, ou até mesmo não se candidatar ao lugar do materno, por acreditar ter coisas mais importantes com que se preocupar.

O que significa que as possibilidades de se colocar como mulher multiplicam-se na condição de invenção do feminino, que não está dado de antemão para nenhum ser vivo que se coloca do lado direito das tábuas da sexuação. Mulheres e mães podem coexistir no contexto da maternidade, em que se pode dar a inclusão ou não de uma criança na estrutura psíquica e particular de cada uma delas.

Constatamos que, para uma mulher, a maternidade está colocada como possibilidade, para além do fato consumado biológico, como elemento de suplência ao seu gozo, de ser "não toda" submetida à norma fálica, no campo da neurose. Desde que as mulheres psicóticas passam ao largo da questão da castração e da mediação fálica, a qual elas não estão submetidas de jeito nenhum, a possibilidade da maternidade, em vez de desaparecer, na clínica se confirma. E também reafirma o fato de que elas não só têm filhos para além da condição de "poedeiras", como também a expensas da foraclusão. Isso quer dizer que também para elas um filho poderá ter um lugar em sua subjetividade.

Se para as mulheres na neurose um filho pode advir como uma suplência à mulher que não existe, que lugar poderia vir a ter uma criança para algumas mulheres psicóticas? Poder-se-ia colocar para ela no lugar de outra suplência, a da foraclusão do nome-do-pai, inclusive como um elemento possível para sua estabilização. Para outras, a foraclusão do nome-do-pai associa-se à condição desertada do desejo, na relação com sua mãe na infância. Vimos, também, a partir dos casos clínicos, que, para algumas mulheres, a perspectiva da maternidade é uma contingência do "amor na psicose" e não vem necessariamente como suplência à ausência do nome-do-pai, podendo, inclusive a gravidez, ser ocasião para um encontro do sujeito com um furo no real, condição para o surto, que não é sem consequências, tanto para a mãe como para a criança.

Outro elemento importante que pudemos extrair da experiência clínica com mulheres e mães psicóticas, e que este estudo evidencia, sendo inclusive um dos motivos de nosso interesse de investigação, é que, no campo das políticas públicas em geral, muitas vezes decide-se apressadamente por privar uma mãe da guarda de seu filho, com base no simples diagnóstico de psicose, enquanto nada em seus atos justifica tal decisão. Outras vezes, a decisão de não intervir baseia-se na ausência de "sinais de loucura", deixando-se de lado a loucura dos atos, para salvaguardar a ligação da criança com a mãe, considerada mais essencial para o desenvolvimento da criança.

Zenoni (2002) introduz, a esse respeito, uma discussão muito pertinente em torno da "síndrome Munchausen por procuração", inventada pela psiquiatria anglo-saxônica para agrupar as patologias das mães que, apesar de não apresentarem nenhum sinal aparente de loucura, têm comportamento perigoso para a saúde e até para a vida de seus filhos, como é o caso de algumas mulheres e mães com as quais trabalhamos nesta pesquisa clínica.

Esse psicanalista chama nossa atenção para a ausência da concepção freudiana de psicose, em uma psiquiatria que interpreta vagamente o comportamento dessas mulheres em termos edipianos, como uma relação perversa entre médico, pai e paciente, passando ao largo da noção do filho como retorno no real, do objeto do fantasma da mãe.

Nesse sentido, convoca aos analistas a se apropriarem de uma noção mais estrutural de uma clínica, que permitiria uma abordagem, considerando-se o real em jogo nesse tipo de passagem ao ato. Para uma clínica que considera o real em jogo na psicose, a recomendação de Zenoni (2002) soa como princípio ético relevante, desde que orientada por:

> Uma referência mais firmemente freudiana, uma melhor orientação no campo dessa clínica muitas vezes dramática que é a clínica com mulheres e mães psicóticas, tanto do ponto de vista do acompanhamento que poderia ser proposto a essas mães, quando do ponto de vista legal e das decisões que um julgamento judicial implica. (ZENONI, 2002, p. 71)

A pura e simples retirada do pátrio poder, ou seja, o afastamento definitivo de uma mãe de seu filho com base no Estatuto da Criança e do Adolescente (ECA), pode ser louvável e, em alguns casos, até mesmo necessária. Mas não é, de forma alguma, justificativa suficiente para tal procedimento, na medida em que deixa de lado a responsabilidade subjetiva do ato, ainda que louco, de uma mãe que pode ter consequências danosas para ambos, como no caso de Maria, a mãe religiosa. Nesse sentido, compactuamos com a aposta de Zenoni (2002), que se reporta a Lacan, para falar da necessidade de "uma apreensão mais justa da condição humana da loucura" (ZENONI, 2002, p. 65).

Uma referência importante que pode alimentar essa discussão é o livro organizado por Ana Freud e Dorothy T. Burlingham, publicado em 1965. Essa obra trata do trabalho realizado em instituições inglesas, francesas, espanholas e holandesas, a partir de 1936, sustentadas por doações voluntárias americanas, denominado "Foster Parents, Plan for War

Children". O objetivo dessas instituições era voltado para o trabalho de reparação de danos físicos e psíquicos causados pela guerra, acolhendo crianças de três a seis anos com hospitalidade extensiva a seus pais, que podiam ir e vir, além de receberem apoio de profissionais das mais variadas especialidades, na reorganização de suas vidas. Portanto, existem antecedentes históricos de trabalhos que atentam para a sustentação dos laços psíquicos e sociais entre pais e filhos em situações extremas.

Assim, propomos neste estudo novas formas de acompanhamento que poderão ser inventadas e sustentadas com mulheres e mães psicóticas a partir de uma clínica "feita por muitos", como é a que sustentamos na rede de saúde mental, substitutiva aos hospitais psiquiátricos (onde pelo menos um encontra-se advertido do inconsciente). E onde os significantes "maternidade assistida e maternidade compartilhada" colocam-se como chaves, como dispositivos que enlaçam a política e a clínica da psicanálise. Como lugares de acolhimento, acompanhamento e sustentação, do tratamento de mulheres e mães psicóticas, seus filhos e familiares, bem como do exercício do materno para muitas delas.

Referências

AGAMBEN, G. *Profanações*. São Paulo: Boitempo, 2007.

AGAMBEN, G. *O que resta de Auschwitz*: o arquivo e a testemunha. São Paulo: Boitempo, 2008.

ALLOUCH, J. *Amor Lacan*. Rio de Janeiro: Companhia de Freud, 2010.

ALLOUCH, J. *Paranóia*. Marguerite ou A Aimée de Lacan. Rio de Janeiro: Companhia de Freud, 2005.

ALVARENGA, E. Estabilizações. *Revista Coringa*, Escola Brasileira de Psicanálise, 14 (1), 2000.

ANDRADE, M. T. Asma, medicina e psicanálise. In: TEIXEIRA, B. A. (Org.). *O sujeito, o real do corpo e o casal parental*. Salvador: Ágalma, 1998. (Coleção Psicanálise na criança, v. 4-5).

ARIÈS, P. *El niño y la vida familiar en el Antiguo Régimen*. Madrid: Taurus, 1987.

ARIÈS, P. *História social da criança e da família*. Rio de Janeiro: LTC, 1981.

BANDINTER, E. *Um amor conquistado*. O mito do amor materno. Rio de Janeiro: Nova Fronteira, 1985.

BAUDRILLARD, J. Modernité. *Encyclopédie Universalis*. Tome 15. Paris: Universalia, 1989.

BECKER. P.; RABACOV. M. O Psicótico em Análise. *Psicose. Escola Letra Freudiana*, Rio de Janeiro, ano XXIV, n. 36, 2005.

BERMAN, M. *Tudo o que é sólido desmancha no ar*. A aventura da modernidade. São Paulo: Companhia das Letras, 1986.

BIRMAN, J. *A psiquiatria como discurso da moralidade*. Rio de Janeiro: Graal, 1978.

BORDERÍAS, A. Delírio. In: Associação Mundial de Psicanálise. *O Corpo Falante*. Sobre o inconsciente do século XXI. São Paulo: Escola Brasileira de Psicanálise, 2016.

CAMPOS, G. S. W. Apoio matricial e práticas ampliadas e compartilhadas em redes de atenção. *Psicologia em Revista*, Belo Horizonte, v. 18, n. 1, 2012.

CARVALHO, F. F. Prefácio. In: GENEROSO, C.; ANDRADE, R. D. R. (Org.). *Metodologia em ato*. Conversação clínica e construção do caso clínico nos dispositivos CAPS de Minas Gerais. Belo Horizonte: Scriptum, 2010.

CASTELO BRANCO, L. *Os absolutamente sós*. Llansol – A letra – Lacan. Belo Horizonte: Autêntica, 2000.

CZERMAK, M. *Paixões do objeto*. Porto Alegre: Artes Médicas, 1991.

DRUMMOND, Cristina. A devastação. *Opção Lacaniana online*, ano 2, n. 6, nov. 2011. Disponível em: <http://www.opcaolacaniana.com.br/pdf/numero_6/Devastacao.pdf>. Acesso em: 13 maio 2017.

ELIAS, N. *Sobre o Tempo*. Rio de Janeiro: Jorge Zahar, 1998.

ESPINHA, O. Sandra. M. *et al*. *Romance familiar e suas conexões*. Belo Horizonte: Escola Brasileira de Psicanálise, 2004.

FAGES, J. B. *Para compreender Lacan*. Rio de Janeiro: Ed. Rio, 1977.

FERNANDES, M. L. B. L. *Mãe não há só uma*: o processo de serviço social quanto ao consentimento para a adoção de recém-nascidos numa grande maternidade urbana. Dissertação (Mestrado em Serviço Social) – Faculdade de Serviço Social, Pontifícia Universidade Católica de São Paulo, 1989.

FERREIRA, T. *A escrita da clínica*. Psicanálise com crianças. Belo Horizonte: Autêntica, 1999.

FOUCAULT, Michel. *Belo perigo*. Conversa com Claude Bonnefoy. Belo Horizonte. Autêntica, 2016.

FOUCAULT, Michel. *Os anormais*. São Paulo: Martins Fontes, 2002.

FREUD, S. *Estudos sobre histeria Breuer e Freud* (1893-1895). v. II. Rio de Janeiro: Imago, 1969. (Edição Standard das Obras Completas de Freud).

FREUD, S. Carta à Fliess n. 70 (1897). *Publicações pré-psicanalíticas e esboços inéditos*. v. I. Rio de Janeiro. Imago, 1969. (Edição Standard das Obras Completas de Freud).

FREUD, S. *Publicações pré-psicanalíticas e esboços inéditos* (1897). v. I. Rio de Janeiro: Imago, 1969. (Edição Standard das Obras Psicológicas Completas de Freud).

FREUD, S. *Três ensaios sobre a sexualidade e outros trabalhos* (1905). v. VII. Rio de Janeiro: Imago, 1969. (Edição Standard das Obras Psicológicas Completas de Freud).

FREUD, S. *Atos obsessivos e práticas religiosas* (1907). v. IX. Rio de Janeiro: Imago, 1969. (Edição Standard das Obras Psicológicas Completas de Freud).

FREUD, S. *Leonardo Da Vinci e uma lembrança de sua infância.* In: Cinco lições de psicanálise (1910). v. XI. Rio de Janeiro. Imago, 1969. (Edição Standard das Obras Completas de Freud).

FREUD, S. *Notas psicanalíticas sobre um relato autobiográfico de um caso de paranóia.* In: O Caso Schreber e artigos sobre técnica (1911). v. XII. Rio de Janeiro: Imago, 1969. (Edição Standard das Obras Completas de Freud).

FREUD, S. Notas psicanalíticas sobre um relato autobiográfico em um caso de paranoia. In: *O caso de Schreber, artigo sobre técnica e outros trabalhos* (1912). v. XII. Rio de Janeiro: Imago, 1969. (Edição Standard das Obras Psicológicas Completas de Freud).

FREUD, S. *Totem e tabu e outros trabalhos* (1913). v. XIII. Rio de Janeiro: Imago, 1969. (Edição Standard das Obras Psicológicas Completas de Freud).

FREUD, S. *Sobre o narcisismo: uma introdução* (1914). v. XIV. Rio de Janeiro: Imago, 1969. (Edição Standard das Obras Psicológicas Completas de Freud).

FREUD, S. *A pulsão e suas vicissitudes* (1915). v. XIV. Rio de Janeiro: Imago, 1969. (Edição Standard das Obras Psicológicas Completas de Freud).

FREUD, S. *Um caso de paranóia que contraria a teoria psicanalítica da doença* (1915). v. XIV. Rio de Janeiro: Imago, 1969. (Edição Standard das Obras Psicológicas Completas de Freud).

FREUD, S. *Conferências introdutórias sobre psicanálise*, n. XXI, v. XVII, 1917. Rio de Janeiro: Imago, 1969. (Edição Standard das Obras Psicológicas Completas de Freud).

FREUD, S. Luto e melancolia. In: *A história do movimento psicanalítico.* Artigo sobre metapsicologia e outros trabalhos (1917). v. XIV. Rio de Janeiro: Imago, 1969. (Edição Standard das Obras Psicológicas Completas de Freud).

FREUD, S. *Psicologia de grupo e a análise do eu* (1921). v. XVIII. Rio de Janeiro: Imago, 1969. (Edição Standard das Obras Psicológicas Completas de Freud).

FREUD, S. Neurose e psicose. In: *O Ego e o ID* (1923). v. XIX. Rio de Janeiro: Imago, 1969. (Edição Standard das Obras Psicológicas Completas de Freud).

FREUD, S. *O Eu e o ID* (1923). v. XIX. Rio de Janeiro: Imago, 1969. (Edição Standard das Obras Completas de Freud).

FREUD, S. O mal estar na civilização. In: *O futuro de uma ilusão* (1930). v. XXI. Rio de Janeiro: Imago, 1969. (Edição Standard das Obras Psicológicas Completas de Freud).

FREUD, S. *O futuro de uma ilusão* (1927). v. XXI. Rio de Janeiro: Imago, 1969. (Edição Standard das Obras Psicológicas Completas de Freud).

FREUD, S. Por que a guerra? (Einstein e Freud). In: *Novas conferências introdutórias sobre psicanálise* (1933). v. XXII. Rio de Janeiro: Imago, 1969. (Edição Standard das Obras Psicológicas Completas de Freud).

FREUD, S. Análise terminável e interminável. In: *Moisés e o monoteísmo* (1937). v. XXIII. Rio de Janeiro: Imago, 1969. (Edição Standard das Obras Psicológicas Completas de Freud).

FREUD, A.; BURLINGHAM, D. T. *La guerra y los niños*. Buenos Aires: Buenos Aires, 1965.

GARCIA, Célio. Família, paternidade e filhos. In: *Psicologia jurídica*. Orientação para o real. Belo Horizonte: Ophicina de Arte e Prosa, 2011. (Coleção Clínica do Social).

GARCIA, Célio. *Psicanálise, psicologia, psiquiatria e saúde mental*. Interfaces. Belo Horizonte: Ophicina & Arte Editora, 2002.

GENEROSO, C.; ANDRADE, R. D. R. (Org.). *Metodologia em ato*. Conversação clínica e construção do caso clínico nos dispositivos CAPS de Minas Gerais. Belo Horizonte: Scriptum, 2010.

GROSSI, L. O amor louco. *Revista Opção Lacaniana*. Uma leitura do Seminário, livro 16, São Paulo, n. 48, 2007.

GUERRA, A. M. C. *A psicose*. Rio de Janeiro: Zahar, 2011.

HANNS, Alberto Luiz. (Coord.). Obras psicológicas de Sigmund Freud. v. 1. *Escritos sobre a psicologia do inconsciente*. À guisa de introdução ao narcisismo. Rio de Janeiro: Imago, 1914.

HOBSBAWN, E.; RANGER, T. *A invenção das tradições*. São Paulo: Paz e Terra, 1997.

IANNINI, G. *Estilo e verdade em Jacques Lacan*. Belo Horizonte: Autêntica, 2012.

IRIBARRY, I. N. O que é pesquisa psicanalítica. In: Estudos em teoria psicanalítica. (V. VI n.1). Rio de Janeiro: Ágora, 2003.

JERZUÍ, T. *Trilhamentos do feminino*. Rio de Janeiro: Companhia de Freud, 2001.

JIMENEZ, S. Algumas provas da existência de Deus. *Revista Latuza*, n. 26, 1988.

JONES, E. *Vida e obra de Sigmund Freud*. Rio de Janeiro: Zahar, 1975.

JULIEN, P. *As psicoses*. Um estudo sobre a paranóia comum. Rio de janeiro: Companhia de Freud, 1999.

LACAN, J. *A psicose paranoica em suas relações com a personalidade* (1938). Rio de Janeiro: Forense Universitária, 1987.

LACAN, J. *O mito individual do neurótico* (1952). Rio de Janeiro. Zahar. 2007.

LACAN, J. De una cuestión preliminar a todo tratamiento posible de la psicosis. In: *Escritos (1957-58)*. Argentina: Siglo Veintiuno, 1985.

LACAN, J. Diretivas para um Congresso Sobre a Sexualidade Feminina. In: *Escritos* (1958). México, Espanha, Argentina, Colômbia: Siclo Veintiuno, 1985.

LACAN, J. El amor loco de una madre. In: MILLER, J. A (Dir.). *El amor en las psicosis*. Buenos Aires: Paidós, 2006.

LACAN, J. *Nota sobre a criança*. Outros Escritos (1968). Campo Freudiano do Brasil. Rio de Janeiro: Jorge Zahar, 2003.

LACAN, J. *O Seminário 1. Os escritos técnicos de Freud* (1953-1954). Rio de Janeiro: Jorge Zahar, 1979.

LACAN, J. *O Seminário 2. O eu na teoria técnica de Freud e na técnica de psicanálise* (1954-55). Rio de Janeiro: Jorge Zahar, 1979.

LACAN, J. *O Seminário 3. As psicoses* (1955-1956). Rio de Janeiro: Jorge Zahar, 1985.

LACAN, J. *O Seminário 4. A relação de objeto* (1956-57). Rio de Janeiro: Jorge Zahar, 1995.

LACAN, J. *O Seminário 5. As formações do inconsciente* (1957-58). Rio de Janeiro: Jorge Zahar, 1999.

LACAN, J. *O Seminário 7. A ética* (1959-60). Rio de Janeiro: Jorge Zahar, 1991.

LACAN, J. *O Seminário 8. A transferência* (1960-61). Rio de Janeiro: Jorge Zahar, 1992.

LACAN, J. *O Seminário 11. Os quatro conceitos fundamentais da psicanálise* (1964). Rio de Janeiro: Jorge Zahar, 1979.

LACAN, J. *O Seminário 20. Mais, ainda* (1972-73). Rio de Janeiro: Jorge Zahar Editor, 1982.

LACAN, J. *O Seminário 22. RSI* (1973-74). Inédito (fotocópia).

LACAN, J. *O Seminário 23. O sinthoma* (1975-1976). Rio de Janeiro: Jorge Zahar, 2007.

LACAN, J. *O triunfo da religião* (1974). Rio de Janeiro. Jorge Zahar, 2005.

LACAN, J. *Os complexos familiares na formação do indivíduo.* 2. ed. Rio de Janeiro: Jorge Zahar, 1990.

LACAN, J. *Outros escritos.* Rio de Janeiro: Campo Freudiano no Brasil, Jorge Zahar, 2001.

LAURENT, E. Os tratamentos psicanalíticos das psicoses. Papéis da psicanálise. EBP, n. 2, 2006.

LAURENT, E. *A sociedade do sintoma.* A psicanálise, hoje. Psicanálise com crianças e sexualidade feminina. Rio de Janeiro: Contra Capa, 2007.

LAURENT. E. Entrevista: Como criar as crianças. In: *Lanacion.* Revista Domingo, 2007.

LE GOFF, J. *Memória. Enciclopédia Einaudi.* Porto: Imprensa Nacional/Casa da Moeda, 1985.

LUTTERBACH. A. L. *Patu, uma mulher abismada.* Belo Horizonte: Scriptum, 2008.

MEIRELLES, C. *Viagem, Vaga Música.* Rio de Janeiro: Nova Fronteira, 2006.

MILLER, J. A. (Dir.). *El amor en las psicosis.* Buenos Aires: Paidós, 2006.

MILLER, J. A. A criança entre a mulher e a mãe. *Revista Brasileira Internacional de Psicanálise,* n. 21, 1998.

MILLER, J. A. *et al. La pareja y el amor*: conversaciones clínicas con Jacques Alain-Miller en Barcelona. Buenos Aires: Paidós, 2005.

MILLER, J. A. Uma partilha sexual. O sexo sem furos. *Clique – Revista dos Institutos brasileiros de Psicanálise do campo freudiano,* n. 2, 2003.

MORANO, C. R. *Crer depois de Freud.* Rio de Janeiro: Loyola, 2003.

MOREIRA. O. J. Re-tecendo as posições maternas junto à criança vítima de negligência ou abuso sexual: da mãe ideal à maternidade possível. In: GUERRA, A. M. C.; MOREIRA, O. J. (Org.). *A psicanálise nas instituições públicas.* Saúde mental, assistência e defesa social. Curitiba: CRV, 2010.

MOTTA, M. A. P. *Mães abandonadas*. A entrega do filho em adoção. São Paulo: Cortez, 2001.

PINTO, M. J. *Quem tem medo da contingência?*. O problema do método e a necessária interdependência entre psicanálise e ciência. (No prelo).

PORGE, E. *Transmitir a clínica psicanalítica*: Freud, Lacan, hoje. Campinas: Unicamp, 2009.

PS, H. D. *El nombre del padre*. Una marca. Buenos Aires: Grama, 2011.

PUJÓ, M. La comunicación del caso. *Psicoanálisis y el hospital*, n. 5, 1994.

QUEIRÓS, Bartolomeu. C. *Vermelho amargo*. São Paulo: Cosac Naify, 2011.

QUINET, A. (Org.). *Extravios do desejo*. Depressão e melancolia. Rio de Janeiro: Marca D'água, 1999.

QUINET, A. *Psicose e laço social*. Esquizofrenia, paranóia e melancolia. Rio de Janeiro: Zahar, 2006.

QUINTANEIRO T. *Processo civilizador*. Sociedade e indivíduo na teoria sociológica de Norbert Elias. Belo Horizonte: Argumentum, 2011.

QUINTÃO, L. A. *Psicose e parentalidade*. Belo Horizonte, 2003. (No prelo).

RABACOV, M.; BECKER, P. A psicose em debate. *Psicoses*, Escola Letra Freudiana, ano XXIV, n. 36, 2005.

RABINOVICTH, D. Lectura de "La significación del falo". Buenos Aires: Manantial, 1995.

RABINOVICTH, S. *A foraclusão*. Presos do lado de fora. Rio de Janeiro: Zahar, 2001. (Coleção Transmissão da Psicanálise).

REGNAULT, F. *Dios es inconsciente*. Buenos Aires: Manantial, 1985.

RIVERA, Tania. O avesso do imaginário. Hélio Oiticica e o convite à polifonia. *Revista Cult*, n. 225, ano 20, 11 jul. 2017.

ROSA, L. *Transtorno mental e o cuidado na família*. São Paulo: Cortez, 2003.

ROUDINESCO, E. *A família em desordem*. Rio de janeiro: Jorge Zahar, 2003.

ROUDINESCO, E.; PLON, M. *Dicionário de Psicanálise*. Rio de Janeiro: Jorge Zahar, 1997.

SANTOS, Neves *et al*. Mental Disorders Prevalence among Female Caregivers of Children. In: A Cohort Study in Salvador, Brasil. *Revista Brasileira de Psiquiatria*, v. 28, n. 2, 2006.

SAURET, J. M. A pesquisa clínica em psicanálise e psicologia. USP. Disponível em: <http.\\www.scielo.br\pdf\pusp\v.14n3a09pdf>. Acesso em 2003.

SOARES, G. E. Cidadã/Mãe – Uma nomeação possível. Cartas de Psicanálise. *Centro de Estudos e pesquisa em Psicanálise – Vale do Aço*, ano 3, v. 2, n. 4, 2008.

SOLER, C. Inocência paranóica e indignidade melancólica. In. QUINET. A. (Org.). *Extravios do desejo.* Depressão e melancolia. Rio de Janeiro: Rios Ambiciosos, 1999.

SOLER, C. *O inconsciente a céu aberto da psicose.* Rio de Janeiro: Zahar, 2002.

SOLER, C. *O que Lacan dizia das mulheres.* Rio de Janeiro: Jorge Zahar, 2006.

TENDELARZ, S. E. *Las mujeres e sus goces.* Buenos Aires: Colección Diva, 2002.

TORRABALLIS, N. Tecido do fora. *Psicose*, Escola Letra Freudiana, Ano XXIV, n. 36, 2005.

VAN DIEREN, E. P. O autismo seria uma resposta a um tipo particular de melancolia parental?. In: LAZNIK. C. Marie (Org.). *O que a clínica do autismo pode ensinar aos psicanalistas.* Salvador: Ágalma, 1994.

VIEIRA, G. C. Infância e modernidade: ações, saberes e sujeitos. In: FARIA FILHO, L. M. de (Org.). *A infância e sua educação.* Materiais, práticas e representações (Portugal e Brasil). Belo Horizonte: Autêntica, 2004.

VIGANÒ, C. A construção do caso clínico em Saúde Mental. *Revista Curinga*, Belo Horizonte, EBP – MG, n.13, p. 39-48, set. 1999.

VORCARO, A. Psicanálise e método científico: o lugar do caso clínico. In: FUAD, K. N. E.; MOREIRA, O. J. (Org.). *Pesquisa em psicanálise.* Transmissão na Universidade. Barbacena: Ed. Uemg, 2010.

ZAFIROPOULOS, M. Psychanalyse et Prátiques Sociales ou La Preuve Par La Psycanalyse. (Situation de notre recherche en 2004). In: Cair. *L'espirit du temps.* Recherches du Psychanaliste, v. 1, n. 1, 2004.

ZALCBERG, M. *A relação mãe e filha.* Rio de Janeiro: Campus, 2003.

ZENONI, A. Quando o filho realiza o objeto (A resposta chamada "síndrome de Munchausen por procuração"). *Psicologia em Revista.* Versão eletrônica. Belo Horizonte, v. 8, n. 12, p. 65-71, 2002.

ZENONI, A. Versões do Pai na psicanálise lacaniana: o percurso do ensinamento de Lacan sobre a questão do pai. *Psicologia em revista*, Belo Horizonte, v. 13, n. 1, p. 15-26, jun. 2007. Disponível em: <http://www.puc.minas.br\image\documento\doc\dsc\arqui\2>. Acesso em: 14 jun. 2017.

Este livro foi composto com tipografia Bembo e impresso
em papel Offset 90g, na Gráfica Del Rey.